바이블 스토리

2024년 2월 20일 초판 1쇄 발행
지은이 | 장수경
그림 | 최리사
교열 교정 | 홍유리
발행인 | 박동주

발행처 | 도서출판 멘토
등록 | 1997년 11월 25일 제12-219호

주소 | 서울 양천구 월정로 48길11 대림타운502호
전화 02-2608-0979 팩스 0504-386-6971

pubmentor@hanmail.net

값 15,000원

어린이와 어른이 함께 읽으며 은혜받는 성경 이야기

바이블 스토리

글 장수경 · 그림 최리사

차례

프롤로그 1

—

이 책이 나오기까지
기도와 사랑으로 섬겨주신 손길들

믿음의 다음 세대를 세우기 위해
값없이 복음을 나눌 수 있게
기도와 물질로 섬겨주신 분들께 진심으로 감사드린다.

예수님의 사랑이 물처럼 흘러 우리들의 가슴을 적시고
뭇영혼들의 삶 속으로 촉촉이 스며들길 소망하며
본인들의 사양에도 불구하고
헌금에 대한 배경을 간략하게 소개한다.

서환석 목사님

92년된 작은 농촌교회를 섬기며
30명 남짓 연세 드신 성도님들의 믿음의 노고를 늘 감사하시는 목사님께서 여름 휴가비 전부를 선교헌금으로 보내셨다.
"우리 교회 장로님들께서 휴가비를 주셨는데 뙤약볕에서 고생하시는 그분들의 정성을 하나님의 귀한 일에 써야 할 것 같아 보냅니다."

평소에도 복음을
온몸으로 실천하시는 목사님께서 보내오신
귀한 헌금이 밑거름이 되어
Bible Story 한국판을 발간되게 되었다.

정순말 전도사님

현재 상황을 보지 않고
항상 사명만 바라보며
선교지를 위해 모든 걸 아끼지 않고 쏟아붓는 전도사님의
열정은 모든 사람들에게 믿음의 귀감이 된다.

지금도 선교지의 아이들에게
영의 양식, 육의 양식을 공급하기 위해
사례비의 절반을 보내며
일생을 어린이 사역에 헌신하고 계신다.

윤현승 전도사님

선교지에서 SOS만 오면
가장 먼저 헌금을 하시며,
"얼마나 도움이 될지 모르겠지만 그래도 계기는 마련하시게요."

어쩌면 그분의 이런 사랑의 마음이
우리들의 삶의 일부가 되어
이젠 맛있는 음식만 봐도 선교지 아이들이
눈에 밟히는 관계가 되었는지 모른다.

지금 윤 전도사님에게 선교는
억지로 짊어지고 가는
십자가 같은 사명이 아니라
아내처럼 평생 함께 가야 하는 숙명이 되어버렸다.

정현주 권사님

새 생명이 잉태됨을 기뻐하며
많은 어린 영혼들을
영적으로 살리는 일에 동참하고 싶다고 동역해주신
권사님의 믿음의 예물에 감사드린다.

인생의 수많은 역경 속에서도
자신의 손을 꼬옥 잡아주셨던 하나님을
자녀들에게 전하려
지금도 가슴 졸이며 기도드리고 있는
이설린 할머니의 소망이
아름답게 열매 맺기를 기도드린다.

최안예 권사님

92세의 연세에도 선교지 아이들의 까만 눈망울들을 사랑하시는 권사님께서 대퇴부 골절로 건강의 위기를 당하셨을 때 하나님께 소원 기도를 드리시라 하니까,

"하나님! 저를 고쳐주셔서 다시 걷게 하시면
선교지 아이들을 위해 더 열심히 기도하고 세부 땅에 가서
영의 양식과 햄버거를 실컷 나눠주고 싶습니다."

말씀하시며 굳건한 믿음으로
회복의 기적을 체험하고 계신다.

모두가 함께 손잡고 선교지에 가서 나누고 베푸는
예수님 사랑을 전하는 상상만으로도 행복해하시는 권사님의 병상 일지가 복음이 아닐까 생각한다.

이소정

선교지에서 땀을 뻘뻘 흘리며
통역하랴 햄버거 나누랴
이리저리 뛰어다니던 모습이 눈에 선한데
벌써 대학을 졸업하고 대기업을 다니다
잠시 캐나다에서 쉼표를 찍는 중에도
가난한 이웃을 돕기 위해
따뜻한 손길을 펼친 소정이를 응원한다.

늘 하나님을 향한 마음이 열려있고
신실한 믿음 위에 서려고 애쓰는 모습이
너무 예쁜 우리 소정이의 앞날이
정오의 빛보다 더 밝으리라 기대하며
오늘도 이런 젊은이들 때문에
많은 위로를 받는다.

우리들은 지극히 작고 보잘것없는 존재들이지만

'주께서 쓰시겠다.'하시면

모든 것 다 버리고 주님만 따르는

믿음의 사람들로 세워주소서.

프롤로그 2

—

우리가 늘 주님 앞에 서 있도록
믿음의 원동력이 되어주는 선교지 아이들

이들에게 Bible Story가
충만한 영의 양식이 되어
선한 영향력을 미칠 그리스도인들이 되길
오늘도 기도드린다.

대형 화재로 삶의 터전을 잃은 사람들

모든 것을 잃은 맘발링 사람들이 살기 위해 쓰레기 더미 위에 세운 판잣집

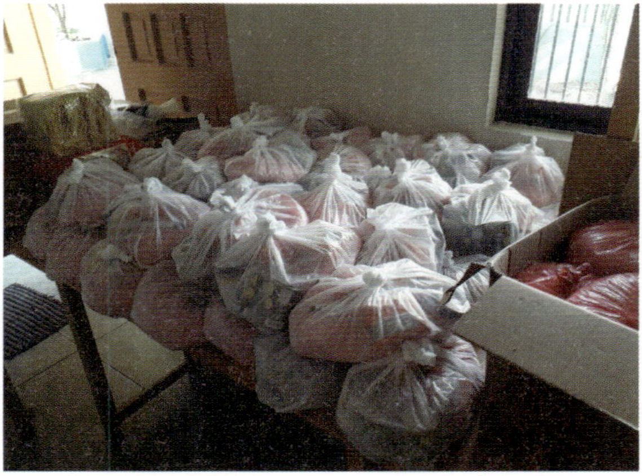

소망이 무엇이냐 물으면 '오늘 하루 굶지 않고 먹는 것'이라고
수줍게 대답하던 선교지 아이들의 일용할 양식

맘발링의 아이들

SINULO

영문판 바이블 스토리와 아이들

BIBLE STORY
IT'S HARD WORK BEING THIS

바이블 스토리

I
하나님과 동행한 요셉

가나안 땅에 야곱이라는 사람이 살고 있었습니다. 야곱에게는 열두 명의 아들이 있었습니다. 야곱은 이 열두 명의 아들들 가운데 요셉이라는 아들을 가장 사랑했습니다. 요셉은 야곱이 노년에 얻은 아들이었기 때문입니다. 야곱은 사랑하는 요셉에게 아름다운 색상으로 된 값진 옷을 해 입혔습니다. 이것을 본 형들은 대단히 질투했습니다.

"우리는 아들이 아닌가? 아버지는 해도 너무하신 것 같아."

"그러게요 형님, 요셉의 형형색색 알록달록한 옷을 보았지요?"

"열한 명의 아들을 향한 아버지의 사랑을 몽땅 합쳐도 요셉에게 가는 사랑에 비하면 아무것도 아닐 거야."

"맞아요. 어휴! 요셉만 아니어도 골고루 아버지의 사랑을 받을 수 있을 텐데……."

형들의 질투심을 아는지 모르는지, 요셉은 그저 해맑게 자라고 있었습니다. 아버지 야곱도 요셉에 대한 사랑으로 하루하루를 보냈습니다. 세월이 흘러 요셉도 양을 칠 수 있는 나이가 되었습니다. 요셉은 아버지가 특별히 입혀주신 화려한 옷을 입고 들판을 다녔습니다. 열일곱 살의 요셉은 세상에 부러울 게 없었습니다. 요셉의 이런 당당한 모습은 더욱더 형들의 눈엣가시가 되어 미워하며 그에게 말도 잘 하지 않고 조금씩 따돌렸습니다.

그러던 어느 날 밤 요셉은 이상한 꿈을 꾸었습니다. 요셉과 그 형제들이 모두 들에서 곡식 단을 묶고 있는데 요셉이 묶은 곡식 단이 일어서고 열한 명의 형제들이 묶어 놓은 곡식 단들이 요셉의 곡식 단을 향해 절을 하는 것이었습니

다.

요셉은 형들에게 이 꿈에 대해 이야기를 했습니다. 형들은 요셉의 꿈 얘기를 듣는 순간 무척 화가 났습니다.

"아니 듣자 듣자 하니까 이젠 못 하는 말이 없구나! 네가 아버지 사랑을 독차지한다고 이제 이 형들까지 무시하려 드는 거냐? 네 꿈대로 한다면 네가 우리의 우두머리가 되겠다는 거냐? 형들을 제치고 네가 우리 집안을 다스리겠다는 거냐?"

"맞아요. 형님, 요셉이 우리에게 그 꿈을 이야기를 한 것은 순전히 우리를 무시하고 자기가 왕 노릇을 하겠다는 의도가 아니고 뭐겠어요."

"아닙니다. 형님들! 저는 그저 제가 꾼 꿈을 그대로 이야기했을 뿐이에요. 결코 형님들을 무시하거나 형님들의 우두머리가 되고자 한 건 아닙니다."

"듣기 싫다. 네 녀석은 정말 꼴도 보기 싫어!"

요셉과 형들의 관계는 더욱더 멀어지고 요셉은 형제들

사이에서 외톨이가 되었습니다. 그러나 며칠이 지난 후 요셉은 또다시 꿈을 꾸게 되었습니다. 하도 신기한 꿈이라 요셉은 또 형들에게 이야기를 했습니다.

"형님들! 제가 지난밤에 정말 이상한 꿈을 꾸었습니다. 글쎄, 해와 달, 열한 개의 별이 제게 절을 하는 거예요. 얼마나 놀랐는지……."

"아니, 요셉 저 녀석 또 꿈 타령이야? 정말 재수 없어."

"이번에는 해, 달, 별이라고? 저 녀석 제정신이야?"

"왜들 이렇게 시끄럽냐? 형제들끼리 사이좋게 지내지 않고……."

"아버지! 요셉의 꿈 타령을 직접 들어보세요. 그럼 저희를 이해하실 거예요."

"요셉아! 네가 어떤 꿈을 꾸었기에 형들이 저렇게 화가 났니?"

"실은 해, 달, 열한 개의 별이 와서 제게 절하는 꿈을 꾸었어요."

"뭐라고? 해, 달, 열한 개의 별이라고? 그럼 아버지, 어머

니 네 열한 형제가 모두 너한테 엎드려 절을 했다고? 그건 말도 안 되는 소리야. 두 번 다시 그런 말은 입 밖에도 꺼내지 말아라. 아버지가 자식 앞에 엎드려 절을 하는 게 말이나 되는 거냐?"

요셉의 아버지는 형들 앞에서 요셉을 나무랐습니다. 그러나 요셉의 아버지는 그 신기한 꿈을 가슴에 조용히 간직했습니다.

"요셉 저 녀석, 아버지께 처음으로 야단맞았을걸? 고것 참 쌤통이다."

"정말 속이 다 후련합니다, 형님. 그래도 아버지한테는 요셉밖에 없을걸요."

"그건 그래."

"요셉 좀 안 보고 살면 소원이 없겠다."

꿈 얘기 이후부터 요셉에 대한 형들의 미움은 활화산처럼 활활 타올랐습니다. 그래서 양을 칠 때도 열 명의 형들은 요셉만 따돌리기 시작했습니다. 요셉도 자신을 싫어하는 형들을 피해 집에 있는 시간이 점점 많아졌습니다.

"요셉아! 오늘도 집에만 있을 거니?"

"아니요. 아버지, 저에게 무슨 시키실 일이라도……."

"그래, 네 형들이 세겜 땅에서 양을 치고 있을 게다. 네가 가서 형들이 잘 지내나 또 양들은 어떻게 지내는지 살펴보고 오너라. 그리고 아버지가 걱정돼서 안부를 전하려고 너를 보냈다고 해라. 알겠니?"

"알겠습니다. 아버지!"

요셉은 세겜을 향해 길을 떠났습니다. 걸어도 걸어도 형들과 양 떼는 보이지 않고 요셉의 몸은 지칠 대로 지쳐갔습니다. 요셉은 희뿌옇게 먼지가 날리는 들판에 털썩 주저앉았습니다. 바로 그때 지나가던 사람이 요셉을 흔들었습니다.

"여보게, 젊은이! 햇볕도 따가운 먼지 밭에 앉아 있으면 병이 나기 십상인데 왜 이러고 있는가?"

"예. 저는 양을 치는 형님들을 찾아왔는데 아무리 둘러

봐도 찾을 수가 없어서요."

"양치기 젊은이들? 열 명의 형제들이 몰려다니는 그 양치기들 말인가?"

"저희 형님들을 알고 계세요?"

"열 명이 한꺼번에 우르르 몰려다니니까 눈에 띌 수밖에… 그런데 젊은이, 한발 늦었어. 그 사람들 벌써 여기서 떠났어."

"예? 그럼 저희 형님들이 어디로 떠났는지 혹시 알고 계세요?"

"글쎄. 자기네들끼리 하는 얘기로는 아마 도단이란 곳으로 간다고 했던 것 같은데?"

"도단이요?"

"그래. 부지런히 뒤쫓아 가봐. 아마도 만날 수 있을 거야."

"아저씨! 고맙습니다."

요셉은 도단을 향해 부지런히 걸었습니다. 저 멀리서 양들의 울음소리가 들려왔습니다.

"드디어 형들이 양을 치고 있는 도단에 도착했나 보구나."

요셉은 기쁨에 겨워 발이 아픈 것도 잊고 형들을 찾기 시작했습니다.

"야아, 저게 누구야? 꿈꾸는 자가 아니야?"

"요셉이 여기까지 웬일이지?"

"글쎄. 그렇게 잘난 척을 하더니 오늘은 제 발로 위험 구덩이로 걸어오는군."

"형님! 아무도 보는 사람이 없으니까 요셉을 실컷 좀 두들겨 팰까요?"

"두들겨 패는 것 가지고 되겠어? 그동안 얄밉게 구는 게 어디 한두 번이었니… 아예 없애 버려야지."

"그것 좋은 생각이군요. 요셉을 죽여서 구덩이에 넣어 버려요. 그리고 사나운 들짐승이 잡아 먹어버렸다고 해도 모두 믿을 거예요."

요셉의 형들은 가슴 깊이 차곡차곡 쌓였던 미움이 꿈틀꿈틀 올라오는 것을 느꼈습니다. 그리고 그 미움은 이내 분노로 변해 갔습니다.

"그럼, 오늘 꿈꾸는 자의 그 꿈들이 어떻게 이루어지는지 한번 두고 볼까?"

이때 아무 말도 없이 듣고만 있던 맏형 르우벤이 다른 형제들을 둘러보며 이야기했습니다.

"얘들아, 우리가 같은 형제를 죽이는 죄를 짓지 말자. 요셉을 죽여 피를 흘린들 우리에게 무슨 유익이 있겠니? 차라리 구덩이에 요셉을 그대로 던져 넣어 버리자."

"형은 그동안 요셉 때문에 우리가 아버지께 어떤 대우를 받았는지 벌써 잊었어요?"

"아니야. 잊지 않았어. 하지만 형제를 죽이는 건 썩 마음이 내키지 않아. 하나님도 두렵고, 아버지도 생각나고, 요셉도 불쌍하고……."

"듣고 보니 그러네요. 요셉을 죽이는 건 너무 야비한 것 같아요."

요셉은 형들이 어떤 이야기를 나누고 있는지도 모르는 채 알록달록한 겉옷 자락을 휘날리며 뛰어왔습니다. 반가워하는 요셉을 형들은 냉정하게 쳐다보았습니다. 그리고 요셉의 알록달록한 겉옷을 벗겨내고 구덩이로 밀어 넣어 버렸습니다.

요셉은 순식간에 빈 구덩이 속으로 빠져 버렸습니다.

“형님들! 왜 이러세요? 지금 저에게 장난치고 있는 거죠?”

“장난? 넌 그동안 이 형들이 너 때문에 얼마나 스트레스를 받았는지 알기나 하니? 큰형님만 아니었다면 그 구덩이가 네 무덤이 되었을 게다.”

“예? 저를 죽이려 했다고요? 아니에요. 아닐 거예요. 우리 형들이 저를 죽일 리가 없어요. 형님들. 제발 저를 꺼내주세요.”

요셉의 울부짖음은 구덩이 위 하늘을 향해 애타게 울려 퍼져나갔습니다.

“요셉을 구덩이에 처넣어 버리고 나니까 슬슬 시장기가 도는데…….”

“나도 허기가 느껴지는데 우리 뭘 좀 먹죠.”

"그럴까?"

형들은 요셉이 들어있는 구덩이를 힐끔 한번 쳐다보고는 도시락을 열어서 먹기 시작했습니다.

"아니, 그런데 저게 뭐야?"

"뭐가?"

"뭐가 이쪽으로 다가오고 있잖아?"

"아아, 난 또 뭐라고, 물건을 가득 실은 상인들의 낙탄데 처음 봤어?"

"상인들의 낙타?"

"그래."

"상인들의 낙타라… 형님들, 방금 떠오른 생각인데 요셉을 차라리 저 상인들한테 팔아 버리면 어떨까요?"

"요셉을 팔아 버리자고? 역시 유다답군. 유다는 머리 하난 좋아."

"다른 사람들 생각은 어때?"

"파는 게 좋겠어요. 동생을 죽인다는 게 좀 꺼림칙해요. 아무리 하는 행동이 얄미워도……."

"그럼 팔기로 결정한 거다!"

형들은 애굽으로 장사를 떠나는 상인들에게 요셉을 팔기 위해 구덩이에서 요셉을 끌어냈습니다. 겁에 질린 요셉은 아무 생각도 할 수 없었습니다. 얼굴은 두려움으로 파래졌고 눈물 자국이 남은 눈가는 빨갛게 부어 있었습니다.

"형님들! 제발 살려 주세요."

요셉은 부들부들 온몸을 떨었습니다.

"시끄럽다. 그동안 너는 실컷 호강하고 살았으니 앞으로 고생이 뭔지 한번 맛 좀 봐라."

형들은 상인들을 불러 와 흥정을 했습니다.

"힘도 세고 일도 잘합니다. 사가세요."

"글쎄, 노예로 팔리기에는 좀 어린 것 같은데?"

"어리다니요. 무슨 말씀을 그렇게 하세요? 싫으면 관두시오. 다른 상인에게 팔겠소."

"좋소. 이 젊은이의 몸값으로 은 이십 개를 주겠소."

"은 이십 개? 그렇게 합시다."

요셉은 형들에 의해 은 이십 개에 팔려 애굽으로 떠났습니다. 형들은 팔려 가는 요셉을 보며 회의를 하기 시작했습니다.

"아버지가 가장 사랑하는 아들 요셉을 애굽 땅으로 팔아버렸으니 지금부터 완벽한 연극을 해야 우리가 온전할 수 있을 거야."

"그래. 지금부터 내가 하는 얘기를 잘 들어. 그리고 똑같이 행동해야 해."

"지금부터 숫염소 한 마리를 잡아 그 피를 요셉의 알록달록한 겉옷에 묻혀. 그리고 그 옷을 가지고 가 아버지께 보이면서 이것이 요셉의 옷인가 확인해 보라고 하는 거야."

"그거 기막힌 생각인데……."

형들은 요셉의 겉옷에 숫염소 피를 묻혀 아버지께로 들고 갔습니다. 요셉의 피 묻은 겉옷을 본 아버지는 기절할 듯 놀랐습니다.

"아니. 이건 요셉의 겉옷이 아니냐! 사나운 들짐승이 요셉을 잡아먹었구나. 아이고, 이 일을 어쩌나. 내 아들 요셉이 들짐승에게 찢겨 죽었구나. 으으윽, 아이고 내 아들 요셉아……"

아버지는 오래오래 눈물을 감추지 못했습니다. 형들이 아무리 아버지를 위로해도 아버지에겐 위로가 되지 않았습니다.

"내가 죽으면 잊을까. 내 아들 요셉아, 내가 너를 따라가야 하는 건데… 부모는 죽으면 청산에 묻고 자식은 죽으면 가슴에 묻는다고 했지. 내 아들 요셉아! 오늘도 나는 너를 가슴에 묻고 산다……."

아버지의 긴 탄식 소리 같은 울음은 오래오래 계속되었습니다.

한편, 요셉은 상인에게 팔려 애굽 땅으로 가서 또 다시 애굽 왕의 신하, 보디발에게 팔리는 신세가 되었습니다.

"친혈육인 형들이 나를 노예로 팔아 버리다니, 정말 원통하구나. 그렇지만 이런 기가 막힌 현실 속에서도 용기를 잃으면 안 되겠지. 형들은 나를 버렸지만, 하나님은 나와 함께하시니까…….”

요셉의 말대로 여호와 하나님께서 요셉과 함께하셨기 때문에 그는 늘 형통했습니다. 하나님께서 요셉과 함께하신다는 것을 보디발도 알게 되었고 더욱더 요셉을 신뢰하며 그 집의 총무로 삼았습니다. 보디발은 자기의 모든 소유를 다 요셉의 손에 맡겨 관리하게 했습니다. 요셉을 통해 애굽 사람 보디발도 하나님의 복을 받게 되었습니다.

그러는 동안 요셉은 외모가 준수한 청년으로 성장했습니다. 요셉을 곁에서 지켜보던 보디발의 아내가 요셉을 사랑하게 되었습니다.

“요셉! 나는 당신을 사랑합니다.”

“저는 당신의 사랑을 받아들일 수 없습니다. 주인님은 저에게 모든 소유를 맡겨 관리하게 했지만, 아내만큼은 건들지 말라 명했기 때문입니다. 무엇보다 저는 하나님의 사람입니다. 남의 아내를 사랑함으로써 하나님 앞에 죄를 지을 수는 없습니다.”

요셉은 보디발의 아내에게 냉정하게 이야기하고 돌아섰습니다. 자존심이 상한 보디발의 아내는 부르르 몸을 떨었습니다.

"요셉! 네가 종인 주제에 감히 내 자존심을 건드려? 두고 보자. 내가 복수의 쓴맛을 네게 보여 줄 거다."

보디발의 아내는 틈만 나면 요셉을 유혹하려 했으나 그 때마다 요셉은 얼른 자리를 피해 버렸습니다.

그러던 어느 날, 보디발의 집이 텅텅 비고 오직 요셉과 보디발의 아내만 남게 되었습니다. 보디발의 아내는 때를 놓칠세라 요셉을 찾아와 옷을 붙잡고 매달렸습니다. 깜짝 놀란 요셉은 웃옷을 벗어버리고 도망쳐 버렸습니다. 보디발의 아내는 큰 소리로 외쳤습니다.

"이것 좀 봐라! 히브리 종이 나를 희롱했다. 그가 나를 겁탈하려고 방에 들어왔다가 내가 소리 지르니까 옷을 벗어둔 채 달아났다."

보디발의 아내는 요셉의 옷을 보관하고 있다가 남편이 돌아오자 히브리 종이 자신을 희롱했다고 했습니다. 그러

자 남편 보디발은 몹시 화가 났습니다.

“뭣이? 히브리 종이 당신을 희롱하려 했다고?”

“예. 제가 소리를 지르니까 이렇게 겉옷을 벗어놓고 당황해서 도망쳤답니다.”

“고얀 놈, 감히 내 아내를 넘보다니… 내가 저를 믿고 내 재산 모두를 맡겼더니 이젠 내 아내까지 넘봐? 이 녀석을 가만두지 않겠다. 여봐라! 요셉이란 히브리 종을 당장 궁중의 죄수들을 넣는 감옥에 처넣어라. 지금 당장!”

보디발은 자신이 가장 신뢰했던 종이 자기의 아내를 탐했다는 불쾌감 때문에 요셉을 죽일 듯이 노려봤습니다.

“주인님! 저는 절대로 주인님의 아내를 희롱한 적이 없습니다. 이 사실은 하나님께서도 알고 계십니다.”

“닥치지 못할까? 내가 너의 그 구차한 변명을 믿을 것 같으냐? 한 번만 더 입을 열었다간 당장 네 목을 베어 버리겠다.”

요셉은 보디발의 아내의 거짓말 때문에 죄 없이 옥에 갇히는 신세가 되었습니다. 그러나 하나님은 여전히 요셉과 함께하셨고 그에게 인자하심을 더해 주셨습니다. 하나님은 죄수들을 관리하는 전옥(교도소장)의 마음에도 함께하셔서 요셉은 갇힌 몸이었지만 그의 신뢰를 받게 되었습니다. 그래서 요셉은 이번에는 옥중 죄수들을 맡는 일을 하게 되었습니다. 하나님이 요셉과 함께하셔서 요셉의 범사가 형통했습니다.

요셉이 옥중에서 일하고 있을 때 애굽 왕 바로의 술을 따르는 신하와 빵 굽는 신하가 갇히게 되었습니다. 옥에 갇힌 두 사람은 불안한 나날을 보내다 꿈을 꾸게 되었습니다. 아침이 되어 요셉이 그들을 찾아갔을 때, 두 사람은 매우 근심스러운 얼굴을 하고 있었습니다.

"하늘이 이렇게 맑은데 당신들 얼굴에 어두운 먹구름이 잔뜩 낀 이유는 무엇입니까?"

"요셉, 어젯밤에 우리가 이상한 꿈을 꾸었는데 이것을 해몽해 줄 사람이 없구나."

"꿈이라고요? 으음. 꿈의 해석은 하나님께서 하실 수 있

습니다. 그러니 아무 걱정 말고 나에게 그 꿈 얘기를 해 보십시오."

요셉의 말을 듣고 술을 따르는 신하가 얼른 꿈 얘기를 시작했습니다.

"어젯밤 꿈에 포도나무가 내 앞에 있는데, 세 개의 가지에서 싹이 나서 꽃이 피고 포도송이가 달려 곧 익었지. 내 손에 바로의 잔이 있기에 내가 포도를 따서 그 즙을 왕의 술잔에 담아 왕께 드렸다네. 그런데 이것이 과연 무슨 꿈인가?"

"그 꿈 해석은 이렇습니다. 세 개의 가지는 사흘을 의미하고 당신이 바로의 술을 따르는 신하로 다시 회복된다는 것을 알려주는 것입니다. 만약 당신이 사흘 안에 바로의 술을 따르는 신하로 다시 복직이 되거든 부디 나를 기억해 주십시오. 내 사정을 왕께 잘 말씀드려 나를 이 감옥에서 나가도록 해 주십시오. 나는 히브리 땅에서 끌려온 자로서 결코 죄를 지은 일이 없으며 옥에 갇힐 일도 행하지 않았습니다."

"요셉! 만약 당신이 해석해 준 꿈이 맞아떨어진다면 내가 꼭 당신을 기억하겠소. 그리고 바로 왕에게 말씀드려 당신을 이 감옥에서 내보내 달라고 할 테니 염려하지 마시오."

"고맙습니다."

빵 굽는 신하는 술을 따르는 신하의 꿈을 좋게 해석하는 것을 보고 요셉에게 말했습니다.

"이봐요 요셉, 내 꿈도 좀 해석해 주시오. 나는 꿈에 흰 떡 세 광주리가 내 머리 위에 있었다오. 그 떡 광주리에 바로를 위해 구운 맛있는 음식들이 있었는데 새들이 와서 그것을 먹었다오. 어떻소. 나도 이 감옥에서 풀려나는 꿈이 틀림없소?"

그러자 요셉이 빵 굽는 신하의 꿈을 해석했습니다.

"그 세 개의 광주리는 사흘을 뜻합니다. 지금부터 사흘 안에 왕이 당신을 감옥에서 끌어내어 당신을 나무에 매달 것입니다. 그러면 새들이 당신의 시체를 뜯어먹을 것입니다."

"아니, 뭐라고? 요셉. 당신이 뭘 안다고 내가 죽는다고 하는 거요? 히브리 종 주제에 꿈을 해석한다고? 당신이 해석해 준 꿈이 맞다면 내 손에다 장을 지지겠소."

드디어 사흘 후, 이날은 바로의 생일날이라 모든 신하들을 위해 잔치가 벌어졌습니다. 술을 따르는 신하는 옥에서 풀려나와 바로의 술잔에 술을 따랐지만 빵 굽는 신하는 나무에 매달아 처형시켰습니다.

요셉의 꿈 해몽이 적중했음에도 술을 따르는 신하는 요셉을 까마득하게 잊어버리고 기억하지 않았습니다. 그리고 2년이란 세월이 흘렀습니다.

애굽 왕 바로가 꿈을 꾸었습니다. 잔잔한 강가에서 토실토실하게 살이 찐 암소 일곱 마리가 풀을 뜯어 먹고 있는데 흉악하게 말라빠진 다른 일곱 마리 암소가 토실토실 살이 찐 암소 일곱 마리를 잡아먹어 버렸습니다. 깜짝 놀라 잠이 깬 바로가 뒤척이다 다시 잠이 들었을 때 또 꿈을 꾸게 되었습니다.

이번에는 곧게 뻗은 줄기에 무성하고 알찬 일곱 개의 이삭이 나왔는데 갑자기 동풍에 말라버린 일곱 개의 이삭이 나오더니 무성하고 알찬 이삭을 삼켜버렸습니다. 상서롭지 못한 꿈을 연이어 꾼 바로는 불안한 마음을 걷잡지 못하고 애굽의 술객과 박사들을 모두 불러 그 꿈을 얘기했지만 해석하는 사람이 단 한 사람도 없었습니다. 이런 소문을 전해 들은 술을 따르는 신하가 바로를 찾아왔습니다.

"애굽 왕 바로시여! 제가 궁중에 있는 감옥에 갇혀 있을 때, 시위대장의 종이었던 히브리 청년이 저와 빵 굽는 신하의 꿈을 해석해 주었는데 그 꿈대로 이루어졌습니다. 그때 제가 복직을 하게 되면 자기를 기억해 달라고 했었는데 편하게 제 일이 잘 풀려서 제가 그만 그를 잊고 있었습니다."

"그래? 그럼 얼른 히브리 사람 요셉을 데려오너라."

바로의 명령을 받고 사람들이 요셉을 부르러 오자 요셉은 수염을 깎고 옷을 갈아입고 바로가 사는 궁궐로 향했습니다.

"네가 꿈을 해석하는 요셉이냐?"

"예. 저는 히브리 사람 요셉입니다."

"내가 이상한 꿈을 꾸었는데 그 꿈을 해석할 줄 아는 사람이 이 애굽 나라에는 단 한 사람도 없다. 내가 듣기로는 너는 꿈 얘기만 들으면 어떤 꿈이든 해석을 한다던데 그게 사실이냐?"

"바로 왕이시여! 그 꿈 해석은 제가 하는 것이 아니라 하나님께서 왕에게 그 꿈의 뜻을 말씀해 주실 겁니다."

"그래? 그럼 얼른 내 꿈에 대해 네가 하든 네 하나님이 하시든 해석을 해 보거라."

"예. 일곱 좋은 암소는 일곱 해 풍년을 의미합니다. 일곱 좋은 이삭도 마찬가지구요. 그리고 파리하고 흉악한 일곱 암소는 일곱 해 흉년을 의미합니다. 역시 동풍에 말라 속이 빈 이삭도 일곱 해 흉년을 말합니다. 즉 이 땅에 일곱 해 동안 큰 풍년이 든 후에 다시 일곱 해 동안 큰 흉년이 들기 때문에 애굽 땅이 풍년 들었던 때를 잊어버리고 기근으로 멸망 당할 것을 예고하고 있습니다. 바로 왕께서 연이어 두 번씩이나 비슷한 꿈을 겹쳐 꾼 것은 하나님이 이 일을 이미 결정하셨다는 뜻입니다. 그러니 서둘러 대비하셔야 합니

다."

"과연 정확하고 지혜로운 꿈 해석이구나."

"바로 왕이시여! 명철하고 지혜로운 사람들을 택하셔서 애굽 땅을 다스리게 하시고 여러 관리들에게 일곱 해 풍년 때 곡식들을 거두어 각 성에 저축하여 일곱 해 흉년을 대비하게 하시면 이 땅이 흉년 때문에 망하지는 않을 겁니다."

"바로 왕이시여! 히브리 사람 요셉의 말이 모두 맞는 얘기입니다."

"너희들도 그렇게 생각하느냐? 내 생각도 마찬가지다. 이렇게 하나님의 신이 감동한 사람을 우리가 어찌 얻을 수 있겠냐? 요셉아! 하나님이 이 모든 것을 너에게 보이셨으니 너처럼 지혜롭고 명철한 사람은 아마도 없을 게다. 그러니 이제부터 애굽 온 땅을 다스리는 총리로 너를 임명하겠다. 내 백성들이 다 네 명령에 복종할 것이며 내가 너보다 높은 것은 바로 이 왕좌뿐이다."

애굽 왕 바로는 자기의 인장 반지를 빼 요셉의 손가락에

끼우고 세마포 옷을 입히고 금목걸이를 걸어주며 자기 수레 중 가장 좋은 것에 요셉을 태우고 모든 사람들 앞에 다니게 했습니다. 애굽의 모든 사람들은 요셉이 지나갈 때마다 땅에 엎드렸습니다. 요셉은 애굽 땅의 총리대신이 되었으며 제사장 보디베라의 딸 아스낫과 결혼도 하게 되었습니다.

요셉의 꿈 해석대로 애굽 땅에는 일곱 해 동안 큰 풍년이 들었습니다. 요셉은 부지런히 애굽 온 땅을 다니며 순찰해서 곡식들을 창고에 저장하기 시작했습니다. 저장한 곡식은 바다의 모래처럼 많았습니다. 각 성마다 곡식을 가득가득 쌓아두었고 요셉에게는 두 아들이 생겼습니다.

요셉은 큰아들의 이름을 므낫세라고 지었습니다. 그것은 '하나님이 나로 하여금 나의 모든 고난과 내 아버지의 온 집일을 잊어버리게 하셨다'는 뜻입니다. 므낫세는 요셉의 인생역정이 얼마나 험난했는지, 그리고 험난한 인생역정에서 하나님께서 요셉과 함께하면서 이겨낸 신앙의 고백이 고스란히 담겨 있는 이름이었습니다.

둘째 아들의 이름은 에브라임이었습니다. 이 이름의 뜻은 '하나님이 나로 하여금 나의 수고한 땅에서 창성하게 하셨다' 입니다. 드디어 요셉은 하나님 안에서 수많은 고통을 이겨내고 애굽 땅에서 성공했다는 것을 아들들 이름으로 표현했습니다. 요셉의 인생은 친형들로부터 받은 배신감과 죄 없이 겪은 고난으로 인한 슬픔과 어려움을 이겨내고 황금기를 걷고 있었습니다. 그러나 땅 위의 흉년은 애굽 뿐만 아니라 그 주변 국가에도 찾아왔습니다. 굶주림에 지친 백성들이 바로를 찾아와 부르짖었고 주변 국가 사람들도 양식을 사려고 애굽으로 몰려들었습니다.

요셉의 아버지 야곱과 그의 형제들이 사는 곳에도 여전히 심한 흉년이 들었습니다. 견디다 못한 아버지 야곱이 아들들을 불러 모았습니다.

"이웃 나라 애굽 땅에는 곡식이 있다는데 너희들은 어찌해서 멍하니 바라보고만 있느냐? 그저 이렇게 앉아서 굶어 죽을 셈이냐? 얼른 가서 곡식을 사 오너라."

아버지의 말씀에 따라 요셉의 형들은 애굽으로 곡식

을 사러 길을 떠났습니다. 야곱은 요셉의 동생인 베냐민만은 그 형들과 함께 가는 것을 말렸습니다. 요셉처럼 또 잃게 될까 걱정이 되어서 그랬습니다. 곡식을 사러 길을 떠난 요셉의 형들은 애굽의 총리가 된 요셉 앞에 엎드려 절을 했습니다. 요셉은 한눈에 그들이 자기의 형들 인 줄 알아봤지만, 여전히 형들은 요셉을 알아보지 못했습니다. 요셉은 일부러 형들을 모르는 체하며 엄한 목소리 물었습니다.

"당신들은 어디서 왔는가?"

"예. 저희는 곡식을 사기 위해 가나안 땅에서 왔습니다."

"내가 그 말을 그대로 믿을 것 같은가? 혹시 이 땅을 정탐하러 온 정탐꾼들이 아니오?"

"아닙니다. 우리들은 흉년으로 배가 고파 단지 곡식을 사러 왔을 뿐입니다. 우리는 야곱이란 사람의 아들들로서 결코 정탐꾼이 아닙니다."

"아니다. 내가 보기에는 틀림없이 정탐꾼들이다. 이 애굽 나라를 엿보러 온 것이 확실한 것 같은데……."

"우리는 결코 정탐꾼이 아닙니다. 우리들은 가나안 땅

야곱의 열두 아들들로서 막내는 지금 아버지와 함께 고향에 있고 한 아들은 행방불명되었습니다."

"음, 내가 당신들을 믿을 수는 없지만 당신들의 말이 모두 사실이라면 바로의 이름으로 맹세하건대 당신들의 막내아우를 데려오기 전에는 여기서 나가지 못할 것이다. 그러니 한 사람만 가나안 땅으로 가서 막내아우를 데려오고 나머지는 저 사람이 돌아올 때까지 옥에 가두어 두겠다."

요셉의 형들은 모두 옥에 갇히게 되었습니다. 3일 후, 요셉은 옥에 갇혀 있는 형들을 찾아갔습니다.

"나는 하나님을 경외하는 사람입니다. 그러니 당신들은 내가 시키는 대로 해서 생명을 보존하시오. 당신들이 만일 거짓말을 하지 않은 진실한 사람들이라면 한 사람만 옥에 남고 다른 형제들은 곡식을 가지고 가서 당신들의 집 가족들에게 배고픔을 면하게 하시오. 그리고 당신들의 막내아우를 내게로 데리고 오시오. 그리하면 내가 당신들의 정직함을 믿겠소."

요셉은 형들이 갇혀 있는 옥문 앞에서 계속 형들을 설득

했습니다.

“옛날 우리들이 요셉에게 저질렀던 일로 지금 벌을 톡톡히 받게 되었어. 요셉이 우리에게 애걸하며 매달릴 때 풀어줬어야 하는 건데 그의 괴로움을 모르는 척을 했으니 이제 우리가 그 괴로움을 애굽 땅에서 당하는구나.”

“그때 내가 그렇게 요셉을 해하지 말라고 말렸건만 너희들이 듣지 않지 않았느냐. 이제 그 대가를 치르고 있는 거야.”

요셉의 형들은 요셉이 애굽 사람인 줄 알고 계속 자기네 나라말로 걱정하며 울부짖었습니다. 그러나 형들의 이야기를 들은 요셉은 가만히 그 자리를 피해 나가서 눈물을 흘렸습니다. 한참을 울던 요셉이 눈물을 닦고 다시 돌아와 형 시므온을 결박하고 다른 형들은 자루에 가득가득 곡식을 채우고 돈도 몰래 자루에 넣어 주었습니다. 그리고 아버지가 계신 가나안 땅으로 돌려보냈습니다.

가나안 땅을 향해 가던 형들이 하룻밤 쉬어 가려고 머문

곳에서 나귀에게 먹이를 주려고 자루를 푸는 순간 곡식값으로 낸 돈이 그대로 담겨 있는 것을 보고 깜짝 놀랐습니다.

"아이고 큰일 났다. 분명히 곡식값을 줬는데 왜 돈이 그대로 담겨 있지?"

"내 자루에도 돈이 그대로 들어있어. 이 일을 어떡하면 좋지?"

"할 수 없다. 어서 집에 가서 아버지께 아뢰자."

"그래, 그게 좋겠다."

가나안 땅으로 돌아온 요셉의 형들은 아버지 야곱에게 애굽 땅에서 일어난 모든 일들을 낱낱이 이야기했습니다. 이야기를 들은 아버지 야곱은 두려워하며 소리쳤습니다.

"너희가 내 자식을 또 잃게 하는구나. 요셉도 없어지고 시므온도 없어졌거늘 이제 베냐민마저도 빼앗아 가려느냐. 안 된다."

"아버지, 이 르우벤을 믿어주십시오. 제가 만약 베냐민을 무사히 데려오지 못한다면 저의 두 아들을 죽이십시오.

그러니 아버지, 제발 베냐민을 제게 맡겨 주십시오. 제가 아버지께 꼭 다시 데리고 오겠습니다."

르우벤의 끈질긴 설득에도 아버지 야곱은 뜻을 굽히지 않았습니다. 그러는 동안 가나안 땅에는 점점 기근이 심해져 갔습니다.

"얘들아, 이젠 애굽 땅에서 사 온 곡식도 다 떨어졌구나. 이렇게 앉아서 굶을 수만은 없으니 너희들이 가서 또 곡식을 좀 사 오너라."

"아버지, 애굽의 총리가 막내아우를 데려가지 않으면 우리를 정탐꾼으로 몰아 죽일 수도 있습니다. 그러나 만약 우리가 막내아우를 데려간다면 곡식을 사 올 수 있습니다. 그러니 베냐민을 데리고 갈 수 있도록 허락해 주십시오."

"어찌해서 너희들이 막내아우가 있다고 얘기해서 나를 이렇게 괴롭게 만드느냐?"

"그 애굽 사람이 우리의 가족 형제에 대해서 자세히 물어서 대답했습니다. 만약 그 애굽 사람이 베냐민을 데려오라고 묻는 줄 알았다면 대답하지 않았을 것입니다."

“너희들의 뜻이 정 그렇다면 가나안 땅의 아름다운 소산물을 가지고 가서 그 애굽 사람께 드리고 돈도 지난번의 두 배를 가지고 떠나라. 혹시 지난번 자루에 그대로 든 돈 때문에 어떤 해를 당할지 모르니까.”

“예. 아버지께서 진작 허락해 주셨다면 벌써 두 번은 갔다 왔을 겁니다.”

“네 아우 베냐민을 잘 데리고 갔다 오너라. 전능하신 하나님께서 그 애굽 사람 앞에서 너희에게 은혜를 베푸사 시므온과 베냐민을 돌려보내 주시길 기도드리겠다. 만에 하나 내가 자식들을 잃게 되어도 그것은 하나님의 뜻이다.”

드디어 베냐민과 함께 요셉의 형제들은 애굽 땅으로 곡식을 구하러 길을 떠났습니다. 요셉은 형들과 함께 온 동생 베냐민을 알아보고 청지기에게 자기 집에서 베풀 잔치를 준비시켰습니다. 요셉을 애굽의 총리로만 알고 있는 형들은 잠시도 긴장을 늦출 수 없었습니다.

“애굽 총리가 왜 우리를 자기네 집으로 데려가지?”

"글쎄. 혹시 지난번 자루에 들어 있던 돈 때문일까?"

"그렇다면 정말 큰일 났네. 저 애굽 총리가 우리를 가두고 틀림없이 노예로 삼을 거야."

"맞아! 우리를 노예로 삼고 우리의 나귀도 다 빼앗아 버릴 거야."

형들의 불안감은 쌓여만 갔습니다. 형들은 요셉의 집으로 자신들을 안내하던 청지기에게 모든 자초지종을 설명했습니다. 그러자 청지기는 웃으며 대답했습니다.

"염려하지 마시오. 곡식 자루의 돈은 하나님께서 당신들에게 선물로 주신 것이오. 그리고 이곳에서 당신들이 돌아올 때까지 갇혀 있었던 당신들의 형제 시므온을 데리고 오겠습니다."

청지기는 형들을 요셉의 집으로 안내하고 발 씻을 물을 떠주고 그들의 나귀에게도 먹이를 주었습니다. 이윽고 요셉은 자신의 형제들이 기다리는 집으로 왔습니다. 요셉을 보자마자 형들은 땅에 엎드려 절을 하고 고향에서 가져온 예물을 내놓았습니다.

"이것은 변변치 않은 것이지만 우리 고향에서 가져온 것이니 받아 주십시오."

"그래. 그동안 잘 있었느냐? 고향에 계신 너희 아버지도 안녕하시냐?"

"예. 덕분에요. 고향에 계신 아버지께서도 건강하게 잘 계십니다."

요셉이 형제들의 얼굴을 한 사람 한 사람 살피다가 동생 베냐민을 쳐다보았습니다.

"너희가 전에 말했던 막냇동생이냐?"

"예."

"하나님이 네게 은혜 베푸시길 원한다."

요셉은 동생의 얼굴을 보는 순간 가슴이 미어지는 것 같은 그리움이 복받쳤습니다. 요셉은 눈물을 감추기 위해 얼른 안방으로 뛰어 들어가서 소리를 내어 실컷 울고 난 후 얼굴을 씻고 밖으로 나왔습니다. 그리고 형제들을 위해 준비한 잔칫상을 차리도록 명령했습니다. 요셉은 형들의 나이 순서대로 상에 앉게 한 다음, 자기의 값진 음식들을 나

누어 주었습니다. 그리고 동생 베냐민에게는 다른 형제들보다 다섯 배나 더 많이 주었습니다.

요셉은 오랜만에 형제들과 먹고 마시며 즐거운 한때를 보냈습니다. 다음 날 요셉은 각 형제의 자루에 가득히 곡식을 담고 또다시 돈을 그대로 넣어 주라고 청지기에게 명령하였습니다. 그리고 자신의 은잔을 베냐민의 자루에 돈과 함께 넣으라고 하였습니다. 영문을 모르는 요셉의 형제들은 이번에도 나귀에 곡식을 가득 싣고 고향을 향해 길을 떠났습니다.

이때 요셉이 청지기를 불러 조용히 얘기했습니다.

“얼른 그 사람들을 뒤쫓아가서 어찌하여 악으로 선을 갚느냐 하며 내 은잔을 찾아오너라!”

“예. 알겠습니다.”

청지기는 요셉의 말을 듣고 가나안을 향해 가던 형제들을 뒤쫓아갔습니다.

“거기 서시오!”

“아니 무슨 일이십니까?”

“당신들은 내 주인이 그렇게 호의를 베풀었는데 무엇이 부족하여 주인의 은잔을 훔쳐 갔습니까?”

“은잔을 훔쳐 가다니요? 우리는 절대로 그런 일을 저지르지 않았습니다.”

“맞아요. 우리 자루에 담겨 있던 돈도 우리가 그대로 가져왔는데 무엇이 부족해서 당신 주인의 집에서 은, 금을 훔치겠습니까?”

“만약 우리 형제들에게서 그 은잔이 발견되거든 누구를 막론하고 그는 죽을 것이요. 우리는 모두 당신들의 종이 될 것입니다.”

“그래요? 그렇다면 당신들의 말대로 하시오. 그리고 얼른 짐들을 풀어 확인해주시오.”

형들은 모두 짐을 풀어 확인했습니다. 역시 은잔이 없었습니다. 형들은 휴우, 안도의 한숨을 쉬며 마지막 베냐민의 짐을 풀었습니다. 순간 형들의 얼굴이 하얗게 질렸습니다.

“이게 어찌 된 일이냐? 베냐민, 네가 은잔을 훔쳤느냐?”

“아닙니다. 형님들, 저는 결코 은잔을 훔치지 않았습니

다."

"듣기 싫다. 이제 우리는 어떻게 해야 하지?"

형들은 모두 자기들의 옷을 찢으며 울부짖었습니다. 그리고 가나안으로 가던 걸음을 바꿔 요셉의 집으로 향했습니다. 형들은 요셉의 집에 도착하자마자 요셉을 향해 무릎을 꿇었습니다.

"죽을 죄를 졌습니다. 한 번만 용서해 주십시오."

"듣기 싫다. 너희가 어찌하여 이런 일을 나에게 행했느냐?"

"입이 열 개라도 할 말이 없습니다. 우리가 아무리 정직하다고 설명한들 어찌 믿어지시겠습니까? 어차피 우리의 죄악을 하나님께서 드러내셨으니 우리 모두와 베냐민이 당신의 종이 되겠습니다."

"너희 모두를 종으로 삼을 이유는 없다. 다만 이 잔이 발견된 자만 종으로 남으면 된다."

"제 말씀을 한 번만 들어주십시오. 저는 유다란 사람인데 우리 아버지는 매우 늙으셨고 늦둥이로 두 아들을 얻었지만 하나는 죽고 막내만 이렇게 남았습니다. 아버지는 이런 연유로 특별히 막냇동생을 사랑합니다. 이곳에 데리고 올 때 아버지를 설득하느라 힘들었습니다. 우리들이 늙으신 아버지께 마지막으로 효도하는 길은 막냇동생을 데리고 가 다시 아버지께 보이는 일입니다. 만약 동생을 데리고 가지 못한다면 아마도 아버지의 얼굴을 볼 수 없을지도 모릅니다. 그러니 동생을 보내주고 차라리 저를 남게 해 주십시오."

형 유다의 이야기를 듣던 요셉은 북받쳐오는 서러움과 눈물을 참을 수가 없었습니다. 그래서 모든 애굽 사람들을 물러가라 하고 자기의 형제들만 남게 했습니다.

"형님들! 제가 바로 요셉입니다. 아버님이 아직도 살아 계십니까?"

깜짝 놀란 형들은 입을 다물지 못하고 요셉의 통곡 소리는 담장을 넘어 애굽 사람들에게 들렸고, 그 소문은 애굽 왕 바로의 궁전에까지 전해졌습니다.

“형님들! 놀라지 마십시오. 저는 당신들의 아우 요셉입다. 당신들이 저를 애굽에 팔지 않았습니까? 그러나 저를 이곳에 종으로 팔았다고 두려워하거나 근심하지 마십시오. 하나님께서 기근으로부터 우리 가족들의 생명을 구하시고 우리들의 후손들을 세상에 두시려고 저를 형님들보다 먼저 이 땅으로 보내셨습니다. 그러므로 저를 이곳으로 보내신 분은 형님들이 아니라 하나님이십니다. 하나님께서 저로 하여금 바로 왕의 신뢰를 얻게 하시고 그 온 집을 다스리는 주인으로 삼으시고, 애굽 온 땅을 치리하는 치리자로 삼으셨습니다. 형님들! 그러니 이제 아무 염려 말고 어서 가서 아버지와 다른 가족들을 데리고 오십시오. 그리고 아버지께 말씀드려 주십시오. 요셉이 애굽의 총리가 되었더라고요. 앞으로 흉년은 5년 동안 계속될 겁니다. 그러니 서둘러 오셔서 고센 땅에 자리를 잡으십시오.”

“당신이 요셉이라고요?”

형들은 온몸이 와들와들 떨렸습니다.

“형님들! 아무것도 염려하지 말고 어서 꿈에도 그리던 아버지의 얼굴을 보게 해 주십시오.”

“요, 요셉아! 우리를 용서해 줄 수 있겠니?”

“용서라니요. 제가 말씀드렸잖아요. 제가 애굽 땅에 팔려 온 것은 형님들의 미움 때문이 아니라 하나님의 뜻이라고…….”

“그렇지만… 아무튼 정말 미안하고 송구해서 무슨 말을 해야 할지 모르겠다.”

“형님들! 걱정하지 마십시오. 저는 이미 모든 것을 용서하고 다 잊었습니다.”

요셉의 형들이 왔다는 소문이 바로의 궁전까지 퍼지자 바로와 그의 신하들은 매우 기뻐했습니다. 바로는 요셉을 불렀습니다.

“요셉! 당신은 당신의 형들에게 식량을 싣고 가나안 땅에 돌아가서 당신의 아버지와 가족들을 데려오라고 하시오. 내가 애굽 땅에서 나는 가장 아름다운 것들과 귀한 음식으로 대접해 주고 제일 좋은 땅을 주겠소. 그리고 내가 수레를 내줄 테니 거기에 그들의 처자들과 아버지를 데려오라고 하시오.”

"감사합니다. 바로 왕이시여."

요셉은 형들에게 수레와 길에서 먹을 양식을 내주었습니다. 그리고 모두 옷을 한 벌씩 선물해 주었습니다. 특별히 막냇동생 베냐민에게는 은 삼백과 옷 다섯 벌을 주었으며, 아버지 야곱에게는 수나귀 열 필에 애굽 땅에서 나온 아름다운 물건들을 싣고 암나귀 열 필에는 곡식과 떡을 실었습니다.

"형님들! 혹시 길 가다가 이런 물건들 때문에 다투지 마십시오. 그리고 내 사랑하는 아버지를 얼른 모시고 오십시오."

뜻밖의 선물과 더불어 동생까지 얻은 요셉의 형들은 부지런히 걸음을 재촉해 아버지가 계시는 가나안에 도착했습니다.

"아버지! 아버지! 요셉이 살아 있어요. 그것도 애굽의 총리가 되어서요."

"응? 너희들 무슨 말을 하는 거냐? 이 늙은 애비를 지금

놀리는 거냐?"

"아니에요. 아버지 정 못 믿으시겠다면 이 나귀 떼와 수레를 좀 보세요."

"수레?"

"예. 요셉이 아버지를 모시고 오라고 특별히 보낸 수레예요."

"아이고. 너희들 말이 정말인가 보구나. 죽은 줄로만 알았던 내 아들 요셉이 살아 있다니 정말 꿈만 같구나! 내가 죽기 전에 얼른 요셉을 보고 싶구나."

야곱은 온 가족을 이끌고 애굽으로 떠날 채비를 서둘렀습니다. 야곱은 하나님께 정성껏 예배를 드렸습니다. 그날 밤 하나님이 야곱의 환상 가운데 나타나셨습니다.

"야곱아! 야곱아! 애굽으로 내려가기를 두려워 말아라. 내가 애굽 땅에서 네 후손이 큰 민족이 되게 하겠다. 내가 너와 함께 애굽으로 내려가겠고 정녕 네 후손을 인도하여 다시 올라올 것이며, 너는 요셉이 지켜보는 가운데 애굽에서 죽을 것이다."

야곱은 하나님이 함께하시겠다는 약속의 말씀에 힘을 얻어 아들, 딸, 며느리, 손자, 손녀들과 가축들, 가나안 땅에서 얻은 패물들을 가지고 애굽을 향하여 길을 떠났습니다. 애굽에 도착한 야곱의 가족들은 요셉이 낳은 두 아들을 포함하여 모두 70명이나 되었습니다.

"아버지! 아버지! 아직도 살아계셨군요."

"어디 얼굴 좀 보자. 내 아들 요셉아! 내 아들 요셉아! 네가 이렇게 무사하게 살아 있어 네 얼굴을 보았으니 나는 지금 죽어도 여한이 없다."

"아버지! 이젠 마음 편히 이곳에서 저와 함께 사세요."

"오냐. 오냐. 내 생전에 이렇게 기쁜 날도 다 있구나."

"형님들! 제가 바로를 만나 이곳 고센 땅에 우리 가족들을 살게 해 달라고 할 테니 형님들의 직업을 묻거든 목축업이라고 대답하십시오. 이곳 애굽 사람들은 목축업을 천대시 하는 경향이 있으니까, 그래야 우리 가족들이 평안하게 살게 될 겁니다."

"그래. 그래. 알았다. 요셉아."

요셉은 바로 왕에게 가서 자신들의 가족이 고센 땅에 도착했음을 알리고 형 다섯 명을 데리고 가 인사를 시켰습니다.

"먼 길 오느라 수고했습니다. 요셉의 형님들이라고요. 그래 전에 가나안 땅에서는 무엇을 하며 살았습니까?"

"예, 저희는 대대로 목축업을 하며 살았습니다."

"목축업이라? 으음. 그럼 여기서는 어디서 무엇을 하며 살고 싶소?"

"예, 고센 땅에서 목축업을 계속하고 싶습니다."

"그래요? 그럼 애굽에서 가장 좋은 땅을 요셉의 가족들에게 기업으로 주어야겠군. 그리고 양식도 넉넉히 주어 부족함이 없게 해 주리다."

요셉의 가족들이 애굽 땅 고센에서 생활하는 동안에도 여전히 흉년은 계속되었습니다. 요셉은 양식을 구하러 오는 사람들에게 양식을 팔아 그 돈을 바로의 궁으로 가져왔으니, 바로의 궁에 돈이 흘러넘쳤습니다. 그리고 돈이 없는 사람들은 양 떼나 소 떼, 나귀와 양식을 맞바꾸었습니다.

짐승들도 없는 사람들은 땅을 내놓으며 양식을 달라고 애원했습니다. 그러는 동안 바로의 재산은 점점 늘어 갔습니다. 고센 땅에 정착한 요셉의 가족들도 생활이 윤택해졌습니다. 어느덧 야곱의 나이도 147세가 되었습니다.

"이제 내 나이 147세. 죽음이 가까이 왔다는 게 느껴지는구나. 요셉아! 내가 너에게 효도를 받고 이렇게 평안하게 살았으니 참으로 고맙구나. 마지막으로 너에게 부탁이 있으니 들어주겠니?"

"예, 아버지! 무엇이든지 말씀만 하십시오."

"내가 죽거든 나를 이 애굽 땅에 묻지 말고 내 조상들이 묻혀 있는 곳에 장사해 주려무나."

"아버지, 명심하겠습니다. 아버지의 말씀대로 꼭 그렇게 하겠습니다."

야곱이 요셉을 불러 자신의 장례 문제를 부탁한 후 병이 들어 죽었습니다. 요셉은 의사를 불러 아버지 야곱의 몸에 향 재료를 넣게 하였습니다. 죽은 야곱에게 향 재료를 넣는데 40일이 걸렸고, 애굽 사람들은 70일 동안이나 애곡을 하였습니다. 기근으로 식량을 얻기 위해 애굽으로 찾아온 이방 나라 양치기 노인이 이렇게 대단하게 장례식을 치를 수 있었던 것은 그 아들 요셉의 명성이 그만큼 높았기 때문입니다. 요셉은 아버지 야곱과의 마지막 약속을 지키기 위해 그의 조상들이 묻혀 있는 가나안 땅에 아버지를 묻었습니다. 아버지가 돌아가시자. 요셉의 형들은 다시 불안해지기 시작했습니다.

"이제 아버지가 돌아가셨으니 혹시 요셉이 우리를 미워하여 옛날에 자기를 구박하고 종으로 팔았던 우리에게 악으로 갚을지 모르겠어."

"맞아. 아버지가 살아계셨을 땐 아버지 때문에 요셉이 우리를 관대하게 대했을 거야."

"그러면 우리가 이러고만 있을 게 아니라 요셉을 찾아가 얘기를 하자."

"뭐라고 얘기하지?"

"그건 그냥 나에게 맡겨."

“알았어.”

형들은 아버지를 여의고 슬픔에 잠겨있는 요셉을 찾아 갔습니다.

“요셉아! 아버지의 부탁 말씀을 너에게 전하려고 찾아왔다.”

“말씀하십시오. 형님들!”

“평소 아버지께서 말씀하시길 우리들이 네게 아무리 악을 행했을지라도 그 허물과 죄를 용서해 주라고 하셨다.”

“요셉아! 지금 형님이 하신 말씀은 사실이야. 그러니 우리의 지난 죄와 허물을 용서해 줘.”

요셉은 불안한 기색을 감추지 못하고 쩔쩔매는 형님들을 바라보며 울었습니다.

“형님들! 두려워하지 마세요. 제가 어찌 하나님을 대신할 수 있겠습니까? 형님들은 나를 해치려고 나에게 죄를 저질렀지만, 하나님께서는 오히려 그것을 선으로 바꾸사 오늘 이렇게 많은 사람의 생명을 구하시지 않았습니까? 그러니 형님들 이젠 아무 걱정하지 말고 평안하게 사세요. 그리고 형님들과 형님들의 자녀들도 제가 책임지고 뒷바라지를 하겠습니다.”

요셉의 간곡한 위로의 말을 듣고 형들은 불안한 가슴을 쓸어내렸습니다. 꿈꾸는 사람 요셉은 형들의 시기 질투로 따돌림을 당하고 결국 남의 나라에 종으로 팔리는 신세가 되었지만 늘 함께 동행하시는 하나님을 바라보며 역경을 이겨냈고, 시험이 닥칠 때마다 하나님의 사람으로서 부끄러운 행동을 하지 않는 지혜로움을 가졌습니다. 그런 요셉을 하나님께서 사랑하셔서 항상 함께하셨습니다. 하나님을 향한 그의 신뢰 때문에 그 아버지를 비롯해 형들과 모든 가족들이 구원받는 역사가 일어났습니다. 하나님을 경외하는 한 사람 때문에 모든 가족들이 흉년으로 인한 죽음으로부터 구원을 받았습니다. 그리고 요셉은 형들이 비록 자신을 따돌리고, 악을 행하고 죄를 저질렀지만 그것마저도 하나님의 선하신 뜻으로 받아들이는 멋진 모습을 보였습니다.

꿈꾸는 사람 요셉을 성경에서는 형통한 사람이라고 묘

사했습니다. 그것은 하나님과 동행하는 사람으로서 부끄러운 행동을 하지 않는 지혜로움을 말해주고 있습니다. 요셉은 하나님의 함께하심으로 애굽 땅에서 총리까지 되었으며, 요셉의 지위와 신뢰 때문에 그의 모든 가족들이 구원받는 역사가 일어났습니다. 그것은 하나님과 동행하는 사람, 하나님이 함께하시는 사람만이 누릴 수 있는 특권입니다. 종으로 팔렸을 때나 옥에 갇혔을 때도 하나님이 함께하셨기에 요셉은 형통한 사람, 꿈꾸는 사람이 될 수 있었습니다.

II
이스라엘의 위대한 지도자 모세

“히브리 사람들은 그렇게 힘든 일을 시키고 고생을 시켜도 도대체 줄어들 줄을 모르니, 장차 그들을 이대로 뒀다가는 우리 애굽 나라가 어떤 위협을 당할지 모르겠어. 뭐 좋은 방법이 없을까?”

애굽 왕은 히브리 사람들이 노예 생활을 하면서도 나날이 번성해가는 모습을 보며 고민에 빠졌습니다.

그러던 어느 날 애굽 왕은 문득 좋은 생각이 떠올랐습니다.

“여봐라! 지금 당장 히브리 산파들을 불러들여라.”

애굽 왕의 명령을 받고 십보라와 부아라는 히브리 산파

들이 불려왔습니다.

"지금부터 내가 너희들에게 하는 얘기를 똑똑히 듣거라. 너희들은 히브리 여인들이 아이를 낳거든 남자아이면 죽여 버리고 여자아이면 살려 두어라. 알겠느냐?"

히브리 산파들은 아무런 대답도 할 수 없었습니다. 그것은 그들이 애굽 왕보다 하나님을 더 두려워했기 때문입니다. 그래서 애굽 왕의 명령을 어기고 히브리 여인들이 아들을 낳았지만 살려주었습니다. 이 소문을 들은 애굽 왕은 당장 히브리 산파들을 불렀습니다.

"너희 목숨이 몇 개이기에 감히 애굽 왕의 명령을 어기느냐? 분명히 히브리 여인들이 낳은 남자아이는 죽이라고 했는데 왜 살려 주었느냐?"

"애굽 왕이시여. 어찌 감히 왕의 명령을 어길 수 있겠습니까? 우리도 왕의 명령을 받들어 남자아이들을 죽이려 했지만 히브리 여인들은 애굽 여인들과 달리 너무나 건강해서 우리가 도착하기도 전에 벌써 아이를 낳아 버린답니다."

히브리 산파들은 하나님을 경외하기 때문에 하나님의 백성인 히브리 사람들이 아무리 애굽에서 노예 생활을 한다고 해도 결코 소홀히 대할 수가 없었습니다. 히브리 산파들은 여전히 애굽 왕에게 거짓말을 하며 히브리 남자아이들을 살려 주었습니다. 하나님께서는 애굽 왕보다 하나님을 더 두려워하는 히브리 산파들 집에 복을 내려 주셨습니다. 그러는 동안에도 여전히 히브리인들은 번성하며 강대해졌습니다. 마음이 조급해진 애굽 왕은 더 잔혹한 명령을 모든 히브리 사람들에게 내렸습니다.

"여봐라! 지금부터 내가 내리는 명령에 모든 히브리인들은 귀를 기울여라. 만약 이 명령을 어길 시에는 너희가 살아남지 못할 것이다. 너희는 남자아이를 낳거든 무조건 하수에 던져 죽이고 여자아이는 살려 주어라."

히브리 사람들에게 이 명령은 죽음과도 같은 것이었습니다. 그런데 이때 히브리인 중 레위 족속 사람에게 예쁜 아이가 태어났습니다.

“아들이야!”

“어떻게 하실 건가요?”

“어떻게 하긴… 숨겨서 키워야지. 우리 자식을 우리 손으로 어떻게 죽여? 말도 안 되는 소리지.”

이 아이는 무럭무럭 잘 자랐습니다. 그러나 3개월이 지나자 울음소리도 우렁차지고 아이 있는 흔적이 남아 도저히 숨겨서 키울 수가 없었습니다.

“여보. 이젠 도저히 안 되겠어. 이러다간 아이뿐만 아니라, 온 집안 식구의 생명이 위태로워져. 그러니 결단을 합시다.”

“당신 뜻에 따르겠어요. 하지만 여보, 하수에 버려 죽일 수는 없어요.”

“내 생각도 마찬가지요. 어찌 내 아들을 내 손으로 죽인단 말이요.”

“여보! 그럼 아이를 차라리 상자에 넣어서 강물에 띄워요. 그리고 함께 하나님께 기도드려요. 우리 아들을 지켜 달라고…….”

아이의 부모는 갈대를 꺾어서 상자를 만들고 물이 들어올 수 없도록 사이사이를 역청과 나무 진을 발랐습니다.

"갈대 상자라 물에 가라앉을 염려는 없을 거요. 아이의 앞날을 하나님께 맡기고 이제 그만 아이를 보냅시다."

"아이야, 미안해. 우리는 노예이고 너는 아들로 태어났기 때문에 이런 비극이 일어나는구나. 하지만 하나님께서 너를 지켜 주실 거야. 우리 꼭 살아서 다시 만나자."

엄마는 아이를 갈대 상자에 담았으나 차마 뚜껑을 덮지 못하고 오래오래 눈물을 흘리며 바라보았습니다. 아무것도 모르는 아이는 엄마를 쳐다보며 그저 해맑게 웃었습니다.

"꼭 살아있어야 해 꼬옥……."

엄마는 떨리는 손으로 갈대 상자의 뚜껑을 덮었습니다. 갈대 상자에는 엄마의 눈물이 아침 이슬처럼 방울방울 맺혔습니다.

"자, 자 어서 보냅시다."

아빠도 얼른 눈물을 훔치며 엄마의 어깨를 감싸 안았습

니다. 아이를 담은 갈대 상자를 누나가 들고 나일강변의 갈대 사이에 두었습니다.

"잘 가. 누나도 어쩔 수 없어. 용서해 줘. 하지만 하나님께서 너를 지켜 주실 거야."

아이의 누나는 갈대 상자가 떠 있는 강가에서 약간 멀리 떨어져 갈대밭에 몸을 숨기고 상자를 지켜보았습니다. 그때였습니다. 애굽 왕 바로의 딸이 목욕을 하러 강가로 시녀들과 함께 내려오고 있었습니다.

"어? 저게 뭐지? 무슨 상자가 물 위에서 둥둥 떠 있지?"

"공주님! 저건 갈대 상자인 것 같은데요?"

"그래? 얼른 가서 상자를 건져오너라. 무엇이 들었는지 궁금하구나."

"예, 알겠습니다."

시녀가 갈대 상자를 안고 와서 뚜껑을 열었습니다.

"아니! 이건 어린애가 아니냐? 어머! 가엾어라. 필시 이 아이는 히브리 사람의 아이가 틀림없어. 아들을 낳으면 강

에 던져 죽이란 아버지의 명령 때문에 버려진 아일 거야."

"공주님, 제 생각에도 그런 것 같아요."

"그렇다면 내가 이 아이를 궁으로 데려가 길러야겠어."

"아니, 공주님……."

"뭘 그렇게 놀라는 거냐? 너는 어서 아이에게 젖을 주어 키워줄 유모를 구해보아라."

멀리서 이 광경을 지켜보던 아이의 누나가 다가왔습니다.

"공주님! 제가 아는 히브리 사람 중에 이 아이에게 젖을 먹일 수 있는 유모를 알고 있는데 소개해도 될까요?"

"네가?"

"예."

"그럼 어서 가서 데려오너라. 내가 젖을 먹이는 삯은 넉넉히 줄 테니까……."

아이의 누나는 뛸듯이 기뻤습니다. 곧바로 어머니께 달려와 이 모든 사실들을 얘기했습니다.

"오, 하나님 감사합니다. 당신은 우리 아이를 버리지 않으셨군요."

이렇게 해서 아이는 친어머니의 젖을 먹고 자랄 수 있는 행운을 얻게 되었습니다. 어머니는 젖을 먹일 때마다 아무도 모르게 아이의 귀에 대고 하나님 이야기와 아이가 히브리인이라는 사실을 들려주었습니다.

"유모, 아이가 이렇게 건강하게 잘 자랄 수 있도록 해줘서 고마워요. 이젠 이 아이는 내 아들이에요. 그래서 내가 이름도 지어줬어요. '모세'라고……."

'모세'란 이름의 뜻은 '물에서 건져내었다'라는 의미인데 바로의 딸이 물에서 아이를 건져 길렀기 때문에 지어진 이름입니다. 그러나 하나님께서는 노예 상태에서 울부짖고 있는 히브리인들을 건져낼 일꾼으로 '모세'라는 이름을 갖게 하셨습니다.

세월이 흘러 모세도 이젠 어른이 되었습니다. 모세는 자신이 비록 애굽 나라 궁전에서 생활하지만 히브리인이라는 사실을 한 번도 잊은 적이 없었습니다. 그리고 히브리인들이 그 힘든 일을 하며 부르짖는 신음소리를 가슴에 담아 두었습니다. 이런 모세를 보며 애굽 사람들은 그를 비웃으며 무시했습니다.

"저 히브리 놈은 공주님 덕분에 귀족 생활을 하게 됐는데 저 놈을 무슨 트집을 잡아 노예로 전락시켜버리지?"

"그러게나 말이야. 노예에게 고개를 숙이며 다니려니까 울화통이 치미는 것 같아."

그러던 어느 날이었습니다. 그날도 여느 때와 같이 히브리 사람들은 힘겨운 노동을 하고 있었습니다. 그런데 한 애굽 사람이 죄도 없는 히브리 사람을 때렸습니다. 순간 모세의 가슴은 불같은 분노가 타올랐습니다.

"아니, 저 애굽 녀석이 죄 없는 히브리 사람을 치다니… 이 녀석 맛 좀 봐라."

모세는 주위에 아무도 없는 것을 확인하고 애굽 사람을 쳐 죽여 모래에 묻어 버렸습니다. 다음 날, 모세는 다시 그 자리에 나가 보았습니다. 이때 히브리인들끼리 서로 싸움을 하고 있었습니다. 모세는 잘못을 저지른 히브리인을 정중하게 타일렀습니다.

"어찌 같은 동포들끼리 다투시오. 서로 사이좋게 지내시오."

"어라. 너는 누구냐? 누가 너를 우리의 법관으로 삼아 심판하게 했느냐? 네가 애굽 사람을 죽인 것처럼 나도 죽일 셈이냐? 애굽인들의 앞잡이가 되어서 같은 동족이 이렇게 땀을 흘리며 일하고 있을 때 궁전에서 부채질이나 하는 매국노 주제에……."

"말조심하시오. 내가 매국노라니!"

"그럼 동족을 노예로 전락시킨 애굽 왕의 궁궐에 사는 네가 애국자란 말이냐?"

"내가 히브리인으로서 바로 공주의 아들이 된 것은 내 뜻이 아니오. 그러니 나를 그렇게 몰아붙이지 마시오."

"네 뜻이든 아니든 간에 너는 정말 재수 없는 사람이니 우리들 눈앞에서 어서 썩 꺼져버려!"

"나는 내 동족을 사랑해서 그들을 괴롭히는 애굽 사람을 죽였던 건데… 아~ 내 동족들은 왜 이런 나의 진심을 몰라줄까?"

혼자 중얼거리던 모세는 자기가 애굽 사람을 죽인 것이 탄로 났음을 짐작했습니다.

"큰일 났다. 틀림없이 내가 애굽 사람을 죽인 사실이 바로의 귀에 들어갔을 거야. 이대로 가다가는 바로에게 무슨 일을 당할지 모르니 어서 도망가자."

이렇게 해서 모세는 바로의 얼굴을 피해 미디안 땅까지 도망했습니다. 모세는 자기가 자기 동족인 히브리인들에게도 신뢰를 얻지 못하고 애굽 사람들에게도 무시당하고 있음을 다시 한번 느끼게 됐습니다. 햇살은 따갑게 비치고 모세는 더 이상 걸을 기력도 없었습니다. 겨우 우물가를 찾아 마른 목을 적시고 털썩 주저앉았습니다. 바로 그때 미디안 제사장의 딸들이 물을 길러 나왔습니다. 미디안 제사장 딸들은 구유에 물을 채우고 양무리들에게도 물을 먹였습니다.

“여기가 어딘 줄 알고 함부로 물을 긷고 양들에게 물을 먹이는 거야? 썩 꺼지지 못해!”

그 마을 목자들이 미디안 제사장의 딸들을 우물가에서 쫓아냈습니다.

“여보시오. 이 우물은 개인의 소유가 아니라 공동의 우물이요. 나누어 마시면 좀 좋겠소? 더구나 연약한 여자들한테 너무 함부로 대하는 것 아니요?”

“아니 저 녀석이…….”

모세는 미디안 제사장의 딸들을 도와 양무리에게 물을 먹였습니다. 이 일이 인연이 되어 모세는 미디안 제사장의 딸 중 십보라라는 여인과 결혼하게 되었습니다. 그리고 ‘게르솜’이라는 아들을 낳게 되었습니다. 모세가 타국에서 나그네가 되었음을 한탄하여 아들 이름을 게르솜이라고 지었습니다.

그럭저럭 몇 년이 흘렀습니다. 모세를 죽이려 했던 애굽 왕도 죽었고 이스라엘 백성들의 탄식 소리도 높아만 갔습니다. 드디어 하나님은 이스라엘 백성들이 힘겨운 노동으로 인해 부르짖는 울부짖음을 들으시고 그 조상 아브라함과 이삭과 야곱에게 세우신 언약을 기억하시며 그들을 보살펴주시기로 작정하셨습니다.

"애굽에서 종살이하는 이스라엘 백성들을 구해 내는데 모세를 도구로 사용해야겠다."

드디어 모세는 하나님의 도구로 쓰임 받기 위해 선택을 받게 되었습니다. 그러나 이때는 애굽의 궁전에서 왕자처럼 자라던 모세가 자신의 동족을 괴롭히던 애굽 사람을 죽인 후 도망하여 미디안 제사장 이드로의 사위가 되어 양을 치고 있을 때였습니다.

하루는 호렙산으로 양무리를 끌고 갔는데 갑자기 떨기나무 불꽃 가운데서 여호와의 사자가 나타났습니다.

"어? 이상하다. 떨기나무에 불꽃이 활활 타오르는데 왜 나무가 타지 않고 있지?"

"모세야! 모세야!"

"예, 제가 여기 있습니다."

"더 이상 가까이 오지 말아라. 네가 서 있는 곳은 거룩한 땅이니 네 발에서 신을 벗어라. 나는 네 조상의 하나님, 아브라함의 하나님, 이삭의 하나님, 야곱의 하나님이다."

"오 하나님! 너무나 두려워 얼굴을 들 수 없습니다."

"내가 애굽에서 종살이하는 내 백성의 고통을 보았고 그들이 애굽인들로 인해 부르짖는 소리를 들었노라. 이제는 내가 애굽 땅에서 내 백성을 건져내 젖과 꿀이 흐르는 땅으로 인도하겠다. 이 일을 위해 내가 너를 애굽 땅으로 보내어 내 백성 이스라엘 자손을 애굽 땅에서 인도하여 내게 하리라."

"하나님! 제가 감히 누구기에 애굽 땅으로 가며 이스라엘 자손들을 애굽에서 인도해 내겠습니까? 더구나 이스라엘 백성들은 제가 바로 공주의 양자라고 따돌리고 있는데요."

"두려워 말아라. 내가 정녕 너와 함께 있으리라. 네가 이

스라엘 백성을 애굽에서 인도해 낸 후에 너희가 이 산에서 하나님을 섬기리니 이것이 내가 너를 보낸 증거가 될 것이다."

"그렇다면 하나님, 이스라엘 자손들에게 너희 조상의 하나님이 나를 너희에게 보내셨다고 이야기할 때 그들이 그 하나님 이름이 무엇이냐? 고 묻는다면 무어라고 대답해야 합니까?"

"나는 스스로 존재하는 자이니라. 그러니 이스라엘 백성들에게 '스스로 존재하는 자'가 나를 여러분에게 보냈다고 대답하거라. 그리고 나를 보낸 하나님은 여러분 조상의 하나님, 곧 아브라함의 하나님, 이삭의 하나님, 야곱의 하나님 여호와라 하거라. 이것은 나의 영원한 이름이니라."

"하나님! 그래도 저는 자신이 없습니다."

"나도 네가 왜 두려워하는지 잘 알고 있다. 애굽 왕은 내가 강한 손으로 치기 전에는 절대로 내 백성을 놓아주지 않을 것이다. 내가 내 손을 들어 여러 가지 이적으로 그 나라를 친 후에야 그가 너희를 보낼 것이다."

"하나님! 애굽의 이스라엘 백성들이 분명히 저를 믿지

않을 거예요. 그리고 하나님께서 저에게 나타나신 이 사실도 믿지 않을 거구요."

"모세야! 네 손에 들고 있는 것이 무엇이냐?"

"이것은 양을 칠 때 쓰는 지팡이인데요."

"그것을 땅에 던져 보거라."

모세가 지팡이를 던지자 뱀이 되었습니다. 모세가 피하자 여호와께서 말씀하셨습니다.

"모세야! 네 손을 내밀어 뱀의 꼬리를 잡아 보거라."

모세가 손을 내밀어 그 뱀을 잡으니 다시 지팡이가 되었습니다. 그러자 여호와께서 말씀하셨습니다.

"모세야! 네 손을 품에 넣어 보아라."

"아니, 아까까지 멀쩡하던 내 손에 문둥병이……."

"다시 네 손을 품에 넣었다 빼 보아라."

"오, 하나님! 제 손이 멀쩡하게 다 나았습니다."

"만약 이스라엘 백성들이 너를 믿지 아니하며 처음의 기적은 무시할지라도 두 번째 기적은 믿을 것이다. 만약 그들이 이 두 가지 이적을 모두 믿지 않고 너의 말을 믿지 않거든 너는 나일강에서 물을 조금 퍼다가 육지에 부어라. 그

물이 육지에서 피가 될 것이다."

"그런데 하나님! 저는 말더듬이인데 어떻게 그 많은 이스라엘 백성들에게 하나님의 말씀을 전하죠?"

"누가 사람의 입을 만들었느냐? 누가 벙어리, 귀머거리를 만들었으며, 누가 밝은 시력을 주고 소경이 되게 할 수 있겠느냐? 바로 나 여호와가 아니냐? 그러니 너는 아무것도 염려하지 말고 가라. 내가 네 입과 함께 있어서 너에게 필요한 말을 가르쳐 주겠다."

"하나님! 제발 보낼 만 한 자를 보내소서. 저는 하나님의 그 큰 계획을 이루기에는 너무나 보잘것없고 초라한 사람입니다."

"네가 어느 때까지 나를 믿지 못하겠느냐? 레위 사람 네 형 아론이 있지 않느냐? 그의 말 잘함은 내가 알고 있다. 그가 너를 만나러 나올 것이고 너를 만나는 순간 그가 너를 보면 기뻐할 것이다. 그러니 너는 네 형 아론과 함께 일하거라. 내가 네 입과 아론의 입에 함께 있어서 너의 행할 일을 가르칠 것이다. 말 잘하는 아론이 너를 대신해서 백성들에게 말을 할 것이고 너는 그에게 하나님같이 되리라. 그러니 너는 이 지팡이를 손에 잡고 이것으로 이적을 행하거라."

모세는 하나님의 말씀을 믿고 애굽으로 떠났습니다. 아내와 아들들을 나귀에 태우고 하나님의 기적을 행하던 지팡이를 손에 잡고 터덜터덜 먼 길을 걸었습니다.

"모세야! 네가 애굽으로 돌아가거든 내가 네 손에 준 기적을 바로 앞에서 전부 다 행하거라. 그렇지만 내가 바로의 마음을 강퍅하게 할 것인즉 그가 이스라엘 백성들을 순순히 놓아주지 않을 것이다. 너는 바로에게 분명히 말하거라. 이스라엘은 나 여호와 하나님의 아들 곧 장자(맏아들)라고… 그러니 바로 너는 하나님의 아들을 놓아주어 하나님을 섬기게 하는 것이 마땅하다고… 만약 이 말씀을 거절하면 여호와 하나님인 내가 애굽 왕 바로의 아들, 네 장자를 죽이겠다고 하라."

모세에게 나타나셨던 하나님이 이번에는 형 아론에게

나타나셨습니다.

"아론아! 얼른 광야로 나가서 모세를 맞이하거라."

아론은 기쁜 마음으로 동생 모세를 맞아들였습니다. 그리고 두 형제는 밤이 맞도록 하나님을 만난 이야기를 나누었습니다. 모세와 아론이 이스라엘 자손의 모든 장로들을 모으고 하나님의 말씀과 계획하심을 전하며 백성들 앞에서 이적을 행하니 백성들이 믿었습니다. 더구나 하나님께서 자신들이 처한 고난을 보시고 안타까워하시며 구하시기로 작정하셨다는 얘기를 듣고서는 모두 머리를 숙여 경배하였습니다. 여기에 힘을 얻은 모세와 아론은 애굽 왕 바로를 만나러 갔습니다.

"애굽 왕 바로여! 이스라엘 하나님 여호와의 말씀에 '내 백성을 보내라. 그들이 광야에서 내 앞에 절기를 지킬 것이니라'고 하셨습니다. 그러니 속히 이스라엘 사람들을 놓아주소서."

"여호와? 여호와가 도대체 누구냐? 말도 안 되는 소리. 어림없는 소리. 나는 여호와를 모르니 이스라엘 백성도 보

낼 수 없느니라.”

“여호와는 히브리인의 하나님이십니다. 하나님께서 우리에게 나타나셨으니 제발 우리를 놓아주소서. 그리하여 3일쯤 걸어간 광야에서 우리 하나님 여호와께 예배를 드릴 수 있도록 해 주소서. 만약 당신이 우리를 보내지 않는다면 온역(전염병 중 하나)이나 칼로 우리를 치실까 두렵습니다.”

“모세와 아론아! 너희가 어찌하여 허무맹랑한 거짓말로 이스라엘 백성들의 노동을 쉬게 하려 하느냐? 일하는 게 너무 수월하니까 이젠 별 공상을 다 하려 드는구나. 그렇다면 나에게도 다 생각이 있지. 여봐라! 이제부터는 히브리 노예들에게 벽돌 만드는데 들어가는 짚을 나눠주지 말고 스스로 주워 와서 만들게 하라. 그리고 벽돌의 숫자는 예전 그대로 만들게 하라. 그리하면 이젠 ‘우리 하나님께 희생제물을 드린다’는 얘기가 쏙 들어갈 거야. 게을러빠진 히브리 노예 녀석들 같으니라고…….”

애굽 왕 바로의 명령으로 이스라엘 백성들은 예전보다 더 힘겨운 노동을 해야 했습니다. 모세와 아론을 향한 백성

들의 원성은 날마다 높아만 갔습니다.

"모세와 아론! 이 못된 녀석들아! 하나님께서 너희를 감찰하시고 벌을 내리시길 원한다."

"아무렴. 이렇게 힘들게 노동하고 있는 우리를 도와주진 못할망정 바로 왕의 성질을 건드려 더 심한 일을 시키게 해? 괘씸한 녀석들 같으니라고."

"여보게, 더구나 그 모세란 녀석은 애굽의 공주 품 안에서 자란 매국노인데 우리가 어리석게 너무 믿은 게 잘못이야."

모세는 너무나 괴로웠습니다. 노예 생활에 지쳐 있는 민족을 구해 하나님의 백성답게 살게 하겠노라고 바로를 만났던 게 더 화근만 만들어 낸 것 같았습니다.

"하나님! 어찌하여 이 백성으로 학대를 당하게 하셨습니까? 어찌하여 저를 보내셨습니까? 제가 바로를 만나 하나님의 이름으로 말하였건만 그는 이스라엘 백성들을 더 못살게 학대하고 있습니다. 하나님! 하나님께서도 고통으로 신음 중인 하나님의 백성을 구해 주시지 않고 있지 않습니까?"

모세는 무릎을 꿇고 하나님께 기도를 드리며 눈물을 흘렸습니다.

"모세야! 낙심하지 말아라. 이제 나 여호와 하나님이 바로에게 하는 일을 네가 볼 것이다. 강한 손을 더하므로 바로가 내 백성들을 보내리라. 나의 강한 손으로 인해 바로가 내 백성들을 애굽 땅에서 쫓아낼 것이다."

모세와 아론이 바로 앞에서 하나님의 말씀을 전할 때 모세의 나이가 80세, 아론이 83세였습니다. 하나님은 이스라엘 백성들 중에 젊은이들도 많았지만 나이 들고 동족들에게 바로 공주의 아들이라고 미움을 받는 보잘것없는 모세를 선택하셨습니다. 그리고 말씀을 하셨습니다.

"바로가 너희를 불러 이적을 베풀어 달라 하거든 모세의 지팡이를 바로 앞에 던지거라. 그러면 지팡이가 뱀이 될 것이다."

모세와 아론은 바로에게 달려갔습니다. 그리고 하나님

께서 명령하신 대로 지팡이를 바로 앞으로 던졌습니다. 지팡이는 기다란 뱀이 되어 이리저리 기어 다녔습니다. 그러자 바로도 애굽의 마법사들을 불렀습니다. 애굽의 마법사들은 각자의 지팡이를 던졌습니다. 역시 애굽의 마법사들의 지팡이도 뱀이 되었습니다. 그렇지만 아론이 던진 지팡이 뱀이 애굽의 마법사들의 지팡이 뱀들을 모두 삼켜 버렸습니다. 이 모습을 지켜보던 바로의 마음이 더욱 강퍅해졌습니다.

"모세야! 실망하지 말아라. 바로의 마음이 강퍅하다는 것은 내가 이미 너에게 가르쳐준 바이다. 너는 아침에 바로에게 가라. 그가 나일강으로 나올 테니 너는 뱀 되었던 지팡이를 손에 잡고 바로에게 또 전하거라. '히브리 사람들의 하나님이 내 백성들을 보내라 하신다고… 그 백성들이 광야에서 나를 섬길 것이라고…' 만약 바로가 또 거절하면 네 손의 지팡이로 강물을 쳐서 물이 피로 변하게 할 것이다."

모세와 아론이 하나님의 명하신 대로 바로와 신하들의

눈앞에서 지팡이를 들어 하수를 치니 물이 피로 변하여 물고기가 죽고 그 물에서는 악취가 났습니다. 그러나 애굽의 마법사들도 똑같은 술법을 행하므로 바로의 마음은 더욱 강퍅해져 갔습니다. 그 일이 있고 난 뒤 며칠이 지났습니다. 여호와 하나님께서 다시 모세에게 말씀하셨습니다.

"너는 바로에게 여호와의 말씀에 내 백성을 보내라. 그들이 나를 섬길 것이니라. 네가 만일 보내기를 거절하면 내가 개구리로 네 나라를 벌하겠다고 전하라."

말씀을 마치신 하나님은 아론이 팔을 애굽 물들 위에 펼 때 사방의 개구리 떼가 애굽 온 땅에 뒤덮게 하셨습니다.

"아니 이게 웬 개구리 떼야? 침실에도 침대에도 떡 반죽 그릇에도… 온통 개구리 범벅이네. 여봐라! 얼른 모세와 아론을 불러와 이 개구리 떼를 몰아내게 하라. 그리하면 내가 이스라엘 백성을 내보낼 테니 그들이 자기네 하나님께 희생제물을 드릴 수 있을 게다."

바로의 이 말을 듣고 모세와 아론은 하나님께 기도를 드렸습니다.

"하나님! 바로에게 내리신 개구리들을 이젠 거두어 주소서."

기도가 끝나자 개구리들은 집에서, 마당에서, 밭에서 나와 몽땅 한 곳에서 죽었습니다. 사람들이 개구리를 쌓아 놓으니 한 무더기가 되었습니다. 개구리가 없어진 것을 본 바로는 또다시 마음을 돌처럼 굳게 하였습니다.

"그까짓 개구리 때문에 그렇게 많은 노예를 잃을 순 없지. 개구리가 사라졌으니 이젠 약속을 안 지켜도 될 거야."

그러자 하나님께서는 모세에게 말씀하셨습니다.

"너는 아론에게 그의 지팡이를 들어 땅의 티끌을 치라고 말하여라. 애굽 온 땅의 티끌이 이가 될 것이다."

아론이 지팡이를 들어 땅의 티끌을 치자 모든 티끌이 사람과 짐승에게 달라붙었습니다. 애굽의 마술사들이 사람과 가축의 몸에 붙은 이들을 그들의 술법으로 떼어내려 하였으나 역부족이었습니다.

"바로 왕이시여! 이것은 하나님이 행하신 일입니다. 우리들의 술법으로는 어쩔 수 없습니다."

"듣기 싫다. 그까짓 이 재앙으로 물러설 바로가 아니다."

여전히 하나님의 말씀대로 바로의 마음은 강퍅했습니다. 파리떼의 재앙에도, 애굽의 모든 가축들이 악질에 걸려 죽어가도 바로는 꿈쩍도 하지 않았습니다.

이번에는 재를 두 움큼 집어다가 하늘을 향하여 날렸습니다. 재는 흩어져 짐승이나 사람들의 살갗에 닿아 악성 종기가 되었습니다. 심지어 애굽의 마법사들도 모두 악성 종기로 앓아 누웠습니다. 그러나 바로의 마음은 여전히 돌처럼 굳어만 갔습니다. 하나님께서 다시 모세에게 말씀하셨습니다.

"모세야! 너는 내일 아침 일찍 일어나 바로 앞에 가서 또 이야기를 하거라. 히브리 사람의 하나님 여호와의 말씀에 내 백성을 보내라. 그들이 나를 섬길 것이니라. 만약 바로가 이번에도 내 말을 거역하면 모든 재앙을 네 마음과 네 신하

와 네 백성에게 내려 바로 너로 하여금 온 천하에 나와 같은 자가 없음을 알게 하리라."

"여호와 하나님! 바로 같은 강퍅한 사람은 단 한 번에 큰 벌을 내려 항복하게끔 하시지 왜 이렇게 오랫동안 봐주시는 겁니까?"

"모세야! 그것은 나의 능력을 바로에게 보이고 내 이름이 온 천하에 전파되게 하려고 그런단다. 그런데 바로가 너무 교만하게 굴며 내 백성들을 보내지 않는구나. 그래서 내일은 우박을 준비했다. 그런 우박은 애굽 나라가 생긴 이래 처음일 것이다. 우박을 피하지 않는 사람이나 짐승은 모조리 죽게 될 것이다."

그러나 이스라엘 백성들이 사는 고센 땅에는 같은 애굽이지만 우박이 내리지 않았습니다. 하나님의 말씀대로 온 애굽 땅을 뒤덮은 우박으로 나라가 쑥대밭이 되었지만 바로와 그 신하들의 마음은 더욱더 완강해져만 갔습니다. 그 후로 하나님은 메뚜기의 재앙으로, 애굽의 온 땅이 어둠에 잠기는 흑암의 재앙으로 경고하셨지만 여전히 바로는 귀를

막고 모르는 체 하였습니다. 하나님께서 모세에게 말씀하셨습니다.

"모세야! 이제 이 재앙은 마지막 경고다. 바로가 이 재앙을 겪고 나서야 비로소 내 백성들을 내보낼 것이다. 그러니 이제 너희들은 떠날 준비를 하거라."

"하나님! 그 마지막 재앙이 무엇입니까?"

"애굽의 처음 난 것은 바로의 맏아들부터 맷돌질하는 여종의 맏아들까지 심지어 가축의 처음 난 것까지 모조리 죽을 것이다. 이 애굽 땅에서 전무후무한 큰 통곡 소리가 있을 것이다. 그러나 이스라엘 자손들은 사람이나 짐승이나 털끝 하나도 건드리지 않을 것이다. 이것을 통해 너희가 애굽 사람과 이스라엘을 구별하는 하나님을 알게 될 것이다."

"여호와 하나님! 이 일을 위해서 우리 이스라엘 백성들이 무엇을 해야 합니까?"

"너희는 흠 없는 어린 숫양을 잡아 그 피를 집 문설주와 상인방에 바르고 그 고기는 그날 밤에 불에 구워 누룩을 넣지 않은 빵과 쓴 나물과 함께 먹고 아침까지 남겨두지 말

아라. 만약 남은 고기가 있다면 반드시 불에 태워 버려라."

하나님의 말씀은 계속되셨습니다. 모세와 아론은 두려운 마음이 들었지만 침착하게 말씀을 듣고 있었습니다.

"너희가 그것들을 먹을 때는 허리띠를 두르고, 신발을 신고, 손에 지팡이를 잡고 급히 먹으라. 이것이 여호와의 유월절이니라."

"하나님! 그 일 후엔 어떤 일이 일어납니까?"

"내가 그날 밤 애굽 땅을 두루 다니며 사람이든 짐승이든 가리지 않고 처음 난 것은 모두 죽일 것이다. 그리고 모든 애굽 신들에게 벌을 내릴 것이다. 나는 여호와 하나님이다. 내가 애굽을 칠 때에 너희가 문설주에 발라둔 어린 양의 피를 보고 지나갈 것이다. 애굽의 큰 재앙이 내릴 때 그 피를 보면 너희인 줄 알고 넘어가겠다. 그러니 너희는 이날을 기념하여 영원한 명절로 삼고 대대로 지켜라."

하나님의 말씀이 임하신 그날 밤 애굽 온 땅에는 모든 처음 난 것, 즉 바로의 맏아들에서부터 감옥에 갇힌 사람의 맏아들까지 죽었으며 심지어 가축들의 처음 난 것까지 죽었습니다. 애굽 땅은 온통 눈물바다가 되었습니다. 이 죽음의 재앙에서 단 한 집도 무사하지 못했습니다. 죽음이 애굽 온 땅을 뒤덮던 그 밤에 바로는 모세와 아론을 급히 불렀습니다.

"모세와 아론, 그리고 이스라엘 백성들은 속히 이 애굽 땅을 떠나라. 너희가 이곳에 있다가는 또 무슨 일을 당할지 모르니 지금 당장 떠나라. 그래서 너희가 그렇게 얘기를 해대던 너희 하나님을 섬기든지 말든지 마음대로 하거라. 이스라엘 것이라면 가축들도 싫으니 다 데리고 얼른 떠나라. 아 참, 그리고 떠나면서 이 바로를 위해 다시는 이런 재앙을 겪지 않도록 축복해 주는 것 잊지 말고……."

이스라엘 백성들은 바로의 명령이 떨어지자마자 급히 서둘러 떠날 채비를 하였습니다. 430년의 노예 생활을 청산하고 길을 떠나기에 앞서 이스라엘 백성들이 애굽 사람들에게 은 금 패물과 의복을 구하자 하나님께서 애굽 사람들의 마음을 열어 모든 걸 풍성하게 주게 하셨습니다. 이스라엘 백성들은 남자 어른들 숫자만 60만 명 정도였습니다. 이 많은 사람들이 너무나 서둘러 떠나왔기 때문에 아무런 양식을 준비해 올 수가 없었습니다. 그렇지만 하나님은 그의 백성들을 낮에는 뜨거운 사막에서는 구름 기둥으로, 밤에는 기온이 뚝 떨어진 황량한 모래밭을 불 기둥으로 지키시며 보호하셨습니다. 한편 이스라엘 백성들을 떠나보냈던 바로의 마음이 또 변덕을 부리기 시작했습니다.

"내가 미쳤지, 내 맏아들까지 죽은 마당에 그 많은 노예들을 풀어 놓아주었으니… 안 되지. 암, 안 되고 말고. 빨리 군사들을 무장시켜 추격해서 다시 데려와야겠다."

바로는 군사들을 단단히 무장시켜 이스라엘 백성들을 추격하기 시작했습니다. 이윽고 이스라엘 백성들이 진을 치고 있는 곳까지 다다랐습니다. 바로와 그의 군사들을 발견한 이스라엘 백성들은 너무나 두려워 하나님께 도와달라고 부르짖다가 모세를 원망하며 말했습니다.

"애굽에는 우리가 죽어 묻힐 매장지가 없어서 우리를 광야까지 몰아 온 것입니까?"

"맞아, 우리가 애굽을 섬겼으면 이런 일도 없었을 텐데… 차라리 애굽 사람을 섬기는 것이 광야에서 죽는 것보다 나을 것이요."

그러나 모세가 백성들에게 대답했습니다.

"여러분! 두려워 마십시오. 우리 하나님께서 우리를 위해 준비하신 구원을 보십시다. 오늘 본 애굽 사람을 우리가 다시는 보지 못하게 하실 것입니다. 왜냐하면 하나님이 우리를 위해 애굽의 군사들과 싸우실 것이기 때문입니다."

"앞에는 홍해 바다가 펼쳐져 있고 뒤에서는 애굽의 군사들이 쫓아오고 있는데 무슨 수로 우리가 살아남을 것이라고 모세는 또 거짓말을 하고 있지?"

"그러게 말이야. 차라리 죽을 준비를 하는 게 더 빠르겠어."

"여러분! 여러분은 결코 죽지 않을 것입니다."

불안해하는 백성들을 뒤로 하고 모세는 그 자리에 꿇어앉아 하나님께 부르짖었습니다.

“하나님! 이 많은 백성들을 살려주십시오. 하나님! 이스라엘 백성들을 구해 주십시오.”

“모세야, 너는 어찌해서 내게 부르짖느냐. 이스라엘 백성들에게 앞으로 나아가게 하라.”

“하나님! 앞은 홍해 바다인데요.”

“모세야! 지팡이를 들고 손을 바다 위로 내밀어 홍해를 갈라지게 하라. 그러면 이스라엘 백성이 마른 땅을 밟고 바다를 지나갈 것이다.”

모세는 하나님의 말씀대로 바다 위로 손을 내밀었습니다. 하나님이 동풍을 불게 하시어 밤새도록 바닷물이 물러가게 하시니 물이 갈라져 마른 땅이 되었습니다. 이스라엘 백성들은 얼른 그 길을 따라 걷기 시작했습니다. 물은 이스라엘 백성들이 바닷물 사이로 걸을 때 벽이 되었습니다. 놀라서 쳐다보고 있던 애굽 군대들이 이스라엘 백성들의 뒤를 쫓았습니다.

그러나 이스라엘 백성들이 모두 바닷물 사이로 난 길을 통과하자 다시 모세가 바다를 향해 손을 들었습니다. 그러

자 바닷물이 밀려왔습니다. 순식간에 애굽 군사들은 바닷물 속으로 휩쓸려 들어가 한 사람도 살아남은 자가 없었습니다. 바다에는 말들과 애굽 군사의 시체들, 병거들이 어지럽게 널려 떠다녔습니다.

이스라엘 백성들은 애굽 사람들에게 행하신 일들을 보고 하나님을 경외하게 되었으며, 하나님과 그 종 모세를 믿게 되었습니다. 모세와 이스라엘 백성들은 찬송으로 하나님의 은혜를 보답했습니다. 이스라엘 백성들은 모세의 인도를 받아 수르 광야에 도착했습니다. 수르 광야에서 3일을 걸어 들어갔지만 물을 찾을 수가 없었습니다.

"아, 이젠 갈증 때문에 더 이상 걸을 수가 없어."

"모세여! 당신이 우리를 물 한 방울 나지 않는 이런 광야로 인도했으니 책임지시오."

"앗, 저기 물이 있다."

"어디? 정말 물이네. 어서 가서 마시자."

"우웩, 무슨 물맛이 이래? 도저히 써서 못 먹겠다."

"물맛이 이렇게 쓰니 이곳 이름을 '마라'라고 하자."

모세는 불평과 원망을 토로하는 백성들을 뒤로 하고 햇볕이 내리쬐는 모래밭에 홀로 무릎을 꿇었습니다.

"오, 하나님! 백성들이 목이 말라 원망을 하고 있는데 저는 아무것도 할 수 없습니다. 저를 좀 도와주세요."

그러자 하나님께서 말씀하셨습니다.

"모세야! 지금 네 눈앞에 있는 나무를 가져다 쓴 물에 던져라."

"예, 알겠습니다. 하나님."

모세는 하나님께서 가리키신 나무를 가져다 쓴 물이 나는 마라에 던졌습니다. 그리고 물을 손으로 떠서 마셨습니다.

"히야. 물맛이 기가 막히게 시원하고 달군. 여보시오, 이스라엘 백성들! 이젠 이 물을 마시도록 하시오."

사람들은 달려들어 물을 마셨습니다.

"역시 하나님은 전능하셔!"

"우리의 지도자 모세는 또 어떻고?"

"그러게 말이야. 정말 우리는 행운아들이야."

"맞아. 맞아."

"여러분! 이제 목을 좀 축이셨으면 다시 길을 떠납시다."

모세와 이스라엘 백성들은 다시 먼 길을 떠났습니다.

"어휴, 언제까지 이 광야 길을 걸어야 하지?"

"글쎄. 얼마를 가야 하나님께서 우리에게 주시기로 약속하신 젖과 꿀이 흐르는 가나안 땅일까?"

"이젠 배도 고프고 지치기도 하고……."

"애굽 땅에서는 우리가 비록 노예 생활을 할지라도 고기 가마에서 고기도 먹었고 떡도 배불리 먹었었는데……."

"그러고 보니 모세 저 사람이 우리를 애굽 땅에서 이끌어 내 이 광야에서 굶어 죽게 만드는 거 아니야?"

"듣고 보니 그러네."

"그렇다면 무작정 모세를 지도자로 믿고 따를 수만은 없지."

신 광야라는 곳에서의 밤이 이스라엘 백성들의 원망 속에 깊어만 가고 있었습니다.

"모세야!"

"예. 하나님."

"내가 너희를 위해 하늘에서 양식을 비같이 내리게 할 것이니 백성들이 나가서 일용할 양식을 날마다 거둘 것이다. 내가 양식을 하늘에서 내리게 하여 백성들이 나의 율법을 지키나 안 지키나 시험을 할 것이다."

"하나님! 백성들이 하나님께서 내려 주신 양식을 먹는 것과 하나님의 율법을 지키는 것이 무슨 관계가 있습니까?"

"일주일 중 6일째 되는 날에는 그 거둔 것을 예비해 두어야 하리니 그날은 내가 갑절로 내려 줄 것이다. 그리고 그 다음 날은 안식일로 거룩하게 지키게 하여라."

"아~. 그렇다면 하나님은 백성들에게 안식일을 지키게 하시려고 그러시는군요."

"그렇단다."

모세는 다음 날 아침, 형 아론과 함께 백성들 앞에 섰습니다.

"당신들이 배고프다 원망하는 소리를 하나님께서 들으셨습니다. 하나님께서 해질 때는 고기를 먹게 하시고, 아침에는 떡으로 배부르게 하실 것입니다."

"이 망망한 광야에서 떡과 고기라니… 모세와 아론이 너무 배가 고파 혹시 이상해진 게 아닐까?"

"글쎄……."

"모세가 지도자 자리를 빼앗길까 봐 머리를 쓰고 있나 보네."

"이번에 만약 거짓말을 한다면 모세 이놈을 내 손으로 죽여 버릴 거야."

뉘엿뉘엿 광야의 지평선 위로 해가 지기 시작했습니다. 그때 갑자기 메추라기 떼가 날아와 광야를 까맣게 뒤덮었습니다.

"우와! 메추라기 떼다. 이렇게 많은 메추라기 떼는 생전 처음이야."

"여보게, 떠들지만 말고 어서 잡아!"

"오늘 밤엔 오랜만에 메추라기 고기로 포식하겠다."

이스라엘 백성들은 몰려온 메추라기 떼를 잡아 실컷 고기를 먹었습니다. 포만감으로 행복한 밤을 지새운 백성들에게 아침이 되자 온 광야가 흰 눈을 뒤집어쓴 듯 이상한 일이 일어났습니다.

"이게 뭘까?"

"이 작은 동그란 알맹이는 쌀도 아닌 것 같은데……."

"맛이나 한번 볼까?"

"그래. 음. 달콤하게 입안에서 녹는 것을 보니 맛이 좋은데……."

"도대체 이게 무엇이지?"

"무엇을 그렇게 궁금해하시오. 하나님께서 약속하지 않으셨습니까? 광야에서도 고기를 먹이시고 양식으로 배불리 해 주시겠다고… 이것은 하나님이 당신의 백성들에게 내리신 양식입니다."

"역시 하나님은 전능하신 분이야!"

"맞아! 은혜도 많으시고, 사랑도 많으신 하나님이셔."

"그렇다면 오늘부터 이 양식의 이름은 '만나'라고 하자."

'만나'라는 이름을 가진 하늘 양식은 히브리말로 '이것이 무엇이냐?'라는 뜻입니다. 이스라엘 백성들은 날마다 비처럼 내리는 만나를 먹으며 광야에서도 풍족한 생활을 했습니다. 아무리 많이 거둔 사람들도 남지 않았고 적게 거둔 사람들도 모자라지 않았습니다. 모세는 백성들에게 얘기했습니다.

"모든 백성들은 들으시오. 만나를 거두거든 그날 것은 그날 다 먹고 이튿날 아침까지 남겨두지 마시오."

"남겨두지 말라니… 만약 이 만나가 안 내려오면 우리는 또 굶으라고?"

백성들은 모세의 말을 듣지 않았습니다. 그래서 몇몇 백성들이 그 이튿날까지 만나를 보관해 두었습니다.

"어? 이게 웬일이야? 만나에 벌레가 생기고 지독한 냄새까지?"

"내가 무어라 했습니까? 그날의 만나는 그날로 족하다 하지 않았습니까? 그렇게 하나님의 은혜를 체험했으면서도 아직도 의심을 한단 말이오?"

백성들은 할 말이 없었습니다. 6일째 되는 날 모아둔 만나는 다음날까지 보관하여도 냄새도 나지 않고 벌레도 생기지 않았습니다. 백성들은 안식일에도 하나님께서 내리신 만나로 마음껏 먹을 수 있었습니다.

"모세야!"

"예, 하나님!"

"너는 항아리 하나를 준비해서 만나를 담아 두어라. 그래서 노예 생활을 하던 너희들을 애굽에서 이끌어 내, 젖과 꿀이 흐르는 땅으로 너희를 인도할 때 머물렀던 광야에서 먹이던 양식이라고 너희 후손들에게 전해주거라. 너는 대대로 항아리 속의 만나를 잘 간수하여 물려주거라."

이스라엘 자손들은 광야 생활 40년 동안 만나를 먹었으며, 가나안 땅에 이를 때까지 하늘 양식을 먹었습니다. 비록 이스라엘 백성들은 광야 생활을 하였지만 하나님의 보호하심 속에 평탄한 삶을 살면서 가나안을 향해 날마다 전진을 했습니다. 드디어 이스라엘 자손들은 시내산에 도착을 했습니다. 모세는 산꼭대기에 올라가 하나님께 기도를 드렸습니다.

"모세야! 너는 이스라엘 백성들에게 고하라. 내가 애굽 땅에서 너희를 어떻게 인도해 냈는지… 내가 독수리의 날개로 너희를 업어 오는 것처럼 인도하지 않았느냐? 모세야! 너희들이 내 말을 잘 듣고 내 언약을 잘 지키면 너희는 내 소유가 되고, 제사장 나라가 될 것이며 거룩한 백성이 될 것이다."

모세는 하나님의 귀하신 약속의 말씀을 백성들에게 전하기 위해 백성들 중 대표로 세워진 장로들을 불렀습니다. 그리고 하나님의 말씀을 그대로 전했습니다.

"하나님이 명하신 대로 우리가 다 지키겠습니다."

이스라엘 백성들은 하나님의 말씀에 순종하며 살 것을 다짐했습니다.

"모세야!"

"예, 하나님 제가 여기 있습니다."

“내가 내 백성들에게 직접 내 말을 전할 테니 백성들을 거룩하게 하고 나에게 가까이 나오지 못하게 하라.”

“예. 알겠습니다. 하나님.”

하나님께서 강림하실 시내산은 구름으로 뒤덮였고 나팔 소리가 우렁차게 울려 퍼졌습니다. 하나님은 자욱한 연기 사이로 솟아나는 불 가운데 강림하셨습니다. 백성들은 두려워 감히 산으로 오르지도 못하고 엎드려 있었습니다. 하나님은 시내산 꼭대기에 강림하시고 모세를 부르셨습니다.

“모세야! 지금부터 내가 하는 말을 잘 듣거라.”

“예, 하나님.”

“나는 종살이하던 너희를 애굽 땅에서 인도해 낸 너희 하나님 여호와다.”

“너희는 나 외에 다른 신들을 섬기지 말라.”

“너희는 하늘이나 땅이나 땅 아래 물속에 있는 어떤 것의 모양을 본떠서 우상을 만들지 말며 그것에 절하거나 그것을 섬기지 말라.”

"너희는 너희의 하나님 여호와의 이름을 함부로 사용하지 말라."

"안식일을 기억하여 거룩히 지키라."

"너희 부모를 공경하라."

"살인하지 말라."

"간음하지 말라."

"도적질하지 말라."

"네 이웃에 대하여 거짓 증언하지 말라."

"너희 이웃집을 탐내지 말라."

"너희는 흙으로 단을 쌓고 그 위에 양과 소로 번제와 화목제를 드리라. 너희가 나를 섬기도록 내가 지정하는 곳마다 내가 가서 너희를 축복해 주겠다."

이스라엘 백성들은 시내산에 강림하신 여호와 하나님으로부터 십계명을 받았습니다. 그것은 사람들이 이 땅에서 살아가면서 하나님께 지켜야 할 계명과 이웃에 대해 지켜야 할 계명이었습니다. 이스라엘 사람들은 하나님께서 자신들을 애굽의 노예 생활에서 건져주신 목적이 하나님께

예배를 드리는 것임을 알게 되었습니다. 그래서 하나님은 이스라엘 백성들에게 하나님 섬기는 법을 가르쳐 주셨고 모세와 이스라엘 백성들은 열심히 청종했습니다.

이스라엘 백성들은 먼지바람만 황량한 광야 생활 40년 동안 농사를 짓거나 목축을 하지 않았지만 하나님의 은혜 속에 잘 살 수 있었습니다. 그리고 그들은 마침내 가나안 땅에 들어갈 수 있었습니다. 가나안 땅은 하나님께서 약속하신 축복의 땅이었습니다. 그러나 안타깝게도 모세는 가나안 땅을 밟아 보지 못하고 광야에서 숨을 거두었습니다.

모세가 가나안 땅에 들어가지 못했던 이유는 신 광야에서 물이 없어 모세와 아론을 원망하던 백성들을 위해 하나님께 기도를 드렸을 때 "모세야! 너는 지팡이를 가지고 네 형 아론과 함께 이스라엘 백성들을 모두 모으고 그들의 눈앞에서 반석에게 명령하여 물을 내라 하라. 그러면 모든 백성과 가축들이 물을 마실 수 있을 것이다."라고 응답하셨는데 백성들의 불평과 끊임없는 원망 소리에 화가 난 모세가 지팡이로 반석을 두 번이나 쳐 버렸기 때문입니다. 반석에서 물은 나왔지만 하나님은 모세와 아론을 향해 말씀하셨습니다.

“너희가 나를 믿지 않고 이스라엘 자손의 눈앞에서 나의 거룩함을 나타내지 아니했으므로 가나안 땅을 들어가지 못 하리라.”

비록 하나님께서 약속하신 축복의 땅 가나안을 밟아 보지 못하고 그저 바라만 보다가 세상을 떠난 모세였지만, 자신들의 생활이 위기에 몰릴 때마다 원망하며 불평을 늘어놓던 이스라엘 백성들을 애굽 땅에서부터 광야까지 이끌었던 그는 정말 위대한 지도자였습니다. 그가 이렇게 위대한 지도자가 되기까지는 ‘하나님의 함께하심’이 있었고 ‘하나님의 말씀하심’이 있었습니다.

어머니의 뱃속에서 태어나자마자 아들이란 이유로 목숨을 잃을 뻔한 모세였지만 그 부모님의 하나님에 대한 신뢰감 때문에 살아날 수 있었고, 하나님의 도우심으로 바로의 궁전에서 자랄 수 있는 기회를 가졌습니다. 그러나 모세는 이스라엘 사람이면서 애굽의 궁전에서 바로 공주의 아들로 자랐기 때문에 이스라엘에도 애굽에도 속하지 못하고 외톨이 신세가 되었습니다. 하지만 하나님은 외톨이 모세를 부르셨고, 그를 통해 430년이란 긴 시간을 애굽의 노예로 전락해버린 이스라엘을 구원하셨습니다.

애굽 사람들은 이스라엘 백성들을 '히브리인' 즉 '강 건너 온 사람'이라고 부르며 심한 노동을 시켰습니다. 노동에 지친 이스라엘 백성들의 울부짖음은 하나님께 상달되었으며, 하나님은 이들을 구원하고자 모세를 세웠습니다. 모세가 위대할 수 있는 것은 하나님이 그와 함께하셨고, 그에게는 하나님의 말씀을 들려주셨기 때문입니다.

위대한 지도자, 모세! 그는 하나님의 말씀을 충실히 이행한 대리자였습니다. 이스라엘 동족들의 멸시와 천대 속에서도 모세는 한결같이 그들을 위해 기도하였고 그들의 필요 충족을 위해 무릎을 꿇었습니다. 모세에 대한 동족들의 미움과 질시, 원망은 위대한 지도자로서의 길을 꿋꿋하게 걸어간 모세의 믿음 속에 녹아 버렸습니다.

III
하나님 마음에 합한 자 다윗

이스라엘 초대 왕으로 사울이 있을 때였습니다. 하나님이 제사장 사무엘을 부르셨습니다.

"사무엘아! 내가 이미 사울을 버려 이스라엘의 왕이 되지 못하게 했거늘, 네가 언제까지 그를 위해 슬퍼하겠느냐? 너는 얼른 뿔에 기름을 가득 채워 베들레헴에 사는 이새라는 사람의 집으로 가거라. 내가 그 아들들 중에서 한 사람을 이스라엘의 왕으로 삼을 것이다."

"하나님! 제가 어찌 갈 수 있겠습니까? 만약에 사울이 이 사실을 알면 저를 죽일 것입니다."

"그건 염려하지 말아라. 너는 암송아지를 끌고 가서 여호와께 제사드리러 왔다고 말하고 이새를 제사에 초청해라. 그러면 내가 너의 해야 할 일을 가르칠 것이니 내가 네게 알게 하는 자에게 나를 위해 기름을 부으라."

사무엘은 하나님의 말씀을 듣고 베들레헴으로 떠났습니다. 그리고 하나님께 제사를 드리자고 이새와 그 아들들을 초대했습니다. 첫째 아들 엘리압이 사무엘 앞으로 나아와 인사를 했습니다.

"오, 과연 여호와께서 택하신 자로구나!"

"사무엘아!"

"예, 하나님!"

"너는 그 사람의 잘생긴 외모와 큰 키를 보지 말아라. 이 사람은 내가 말하던 자가 아니다. 내가 보는 것은 사람이 보는 관점과 다르다. 사람들은 외모를 보지만 나 여호와는 그 사람의 중심을 본다."

이새의 둘째 아들 아비나납이 지나가고, 삼마가 지나가

고 일곱 아들이 모두 지나가도 여전히 하나님은 “택하지 않았다”는 말씀만 하셨습니다.

“이새야! 네 아들들이 모두 여기에 모였느냐?”

“아닙니다. 사무엘 제사장님! 아직 막내아들이 있는데 지금 양을 지키고 있습니다.”

“그래? 어서 막내아들을 데려오너라.”

이윽고 이새의 막내아들 다윗이 제사장 사무엘 앞에 섰습니다. 다윗은 사과처럼 빨알간 얼굴에 초롱초롱 눈망울을 가진 총기가 넘쳐흐르는 잘생긴 소년이었습니다. 하나님은 사무엘에게 말씀하셨습니다.

“사무엘아! 이 소년이 내가 말하던 바로바로 그 사람이다. 어서 그에게 기름을 부어라.”

“예, 하나님.”

사무엘은 뿔에 가득 든 기름을 다윗의 머리에 부었습니다. 하나님에 의해 기름 부음을 받는다는 것은 곧 다윗이 사울을 대신해 왕이 된다는 것입니다. 기름 부음을 받은

다윗은 더욱더 하나님의 은혜를 받게 되었습니다.

한편 사울은 날마다 악신에 시달리며 그 성격이 포악해져 가기만 했습니다. 견디다 못한 신하들이 사울 왕에게 한 가지 제안을 했습니다.

"사울 왕이시여! 왕을 괴롭히는 악신을 쫓기 위해 수금 소리를 듣는 게 좋을 듯합니다."

"수금 소리?"

"예, 수금을 잘 타는 사람이 왕을 위해 수금을 타드리면 왕이 나을 것 같습니다."

"그래? 그러면 나를 위해 수금을 잘 타는 사람을 구하라."

"사울 왕이시여! 제가 수금을 잘 타는 사람을 알고 있습니다."

"그래. 어디 사는 누구냐?"

"베들레헴 사람, 이새의 아들, 다윗입니다. 다윗은 용감하고 말도 잘하고 수금도 잘 타고 하나님이 함께하시는 사람입니다."

"그럼 지금 당장 다윗을 데려오너라."

다윗은 사울 왕의 부름을 받고 사울 앞에 섰습니다.

"과연 총명하고 아름답게 생겼구나. 다윗아! 이제부터는 내 곁에서 나를 항상 지키는 사람이 되도록 하라."

이때 갑자기 또 악신이 사울을 괴롭히기 시작했습니다.

그러나 다윗이 수금을 타자 사울이 상쾌하게 나았습니다.

"역시 다윗의 수금 소리가 최고구나. 수금 소리를 듣고 악신이 꽁지를 빼고 도망하는 걸 보니……."

다윗은 사울의 신뢰를 듬뿍 받았습니다. 그러던 어느 날, 블레셋 사람들이 큰 군대를 이끌고 이스라엘에 쳐들어왔습니다. 블레셋 군대에는 골리앗이라는 거인이 있었습니다. 골리앗이 입은 갑옷의 무게는 57kg이나 나갔고 그가 쥔 창의 무게만도 무려 7kg이나 나갔습니다. 이스라엘 군사들은 거인 골리앗을 보고 모두 무서워 벌벌 떨었습니다.

"골리앗은 사람이 아니야. 만약 사람이라면 어떻게 그렇게 클 수가 있어?"

"그러게 말이야. 나는 골리앗을 먼발치에서만 바라봐도 오금이 저려와."

"보잘것없는 이스라엘 병사들아! 어디 한번 나와 봐라. 누구든지 나와 한판 겨뤄서 이기면 블레셋이 너희의 종이 될 것이고 내가 그를 죽이면 너희가 우리의 종이 되도록 하면 어떨까? 하하하."

"아이고. 누가 저 블레셋 거인 골리앗을 상대할 수 있을까?"

이스라엘 군사들은 날마다 골리앗의 커다란 협박 소리를 들으며 꼼짝도 못 하고 있었습니다. 나라가 위기에 처하자 다윗의 형들 중 첫째, 둘째, 셋째는 전쟁터에 나와 나라를 지키고 있었습니다.

"다윗아!"

"예, 아버지."

"너희 형들이 전쟁터에 나가 있으니 이 애비 마음이 편

치 못 하구나. 너는 형들에게 이 애비가 싸 준 음식을 전해 주고 형들이 건강하게 잘 있는지 살펴보고 오너라."

"알겠습니다. 아버지."

다윗은 아버지가 정성스럽게 싸 주신 음식 보따리를 들고 형들이 있는 전쟁터로 달려갔습니다. 마침 다윗의 형들이 소속해 있는 전쟁터로 달려갔습니다. 마침 다윗의 형들이 소속해 있는 부대는 골리앗과의 싸움을 위해 출전 준비를 하고 있었습니다. 다윗이 얼른 형들에게 안부를 전하고 돌아서려는 때였습니다.

"겁쟁이 이스라엘 백성들은 들어라! 내가 이스라엘 군대를 모욕한다. 누구든지 나와 싸울 자를 어서 보내라!"

블레셋 사람 골리앗의 떠드는 소리가 다윗의 귀에 들렸습니다.

"아니, 저런 버르장머리 없는 블레셋 사람 같으니라고. 할례 없는 블레셋 사람이 누구길래 감히 살아계신 하나님의 군대를 모욕하지?"

"말도 마, 저 거인은 아무도 당해낼 재간이 없는 장사야."

다윗은 벌벌 떨고 있는 이스라엘 군사들을 돌아보며 한숨을 쉬었습니다.

"안 되겠다. 내가 저 무식쟁이 거인 골리앗을 상대하는 수밖에……."

"아니, 이 위험한 전쟁터에서 아직 돌아가지 않고 여태 꾸물거리고 있는 거냐?"

"큰형, 저 골리앗 때문에 갈 수가 없어서요."

"건방진 녀석, 네가 골리앗에게 무얼 할 수 있다고 그러냐? 어서 빨리 돌아가서 양이나 치거라."

그때, 옆에서 다윗을 지켜보던 사람이 사울에게 뛰어가 이 사실을 얘기했습니다.

"사울 왕이시여! 다윗이라는 소년이 골리앗을 상대로 자기가 싸우겠다고 합니다."

"다윗이? 다윗은 내가 잘 아는 사람이니 그를 데려오너라."

사울 앞으로 불려온 다윗은 무릎을 꿇고 앉았습니다.

"다윗아! 네 뜻은 잘 알겠지만, 너는 골리앗과 싸우기엔 너무 어리다. 그러니 얼른 네 뜻을 단념하고 여기는 위험하니 어서 집으로 돌아가거라."

"아닙니다. 사울 왕이시여! 제가 양치기를 할 때 사자나 곰이 와서 양 떼 사이의 새끼를 잡아가면, 제가 그 수염을 잡고 쳐 죽였습니다. 제가 사자와 곰도 때려잡았는데 살아계신 하나님의 군대를 모욕하는 저 이방 블레셋 사람을 죽이지 못하겠습니까? 골리앗도 제 손에 꼼짝 못 한 사자와 곰처럼 될 것입니다. 사울 왕이시여! 사자와 곰의 발톱에서 저를 건져주신 하나님이 저 골리앗의 손에서도 건져 주실 것입니다. 그러니 저 골리앗과 싸울 수 있도록 허락해 주십시오."

"허허. 정 네 뜻이 그렇다면 할 수 없다. 다윗 너는 가서 저 블레셋 장수 골리앗과 싸우거라. 여호와 하나님께서 너와 함께하시길 원한다."

"고맙습니다. 허락해 주셔서……."

"다윗아! 너는 그 대신 내 군복을 입고, 놋 투구를 쓰고

갑옷으로 철저히 무장을 하고 나가야 한다."

"예, 알겠습니다."

사울의 투구와 갑옷을 입은 다윗은 제대로 걸을 수도 없었습니다.

"너무 불편해서 못 입겠다. 그냥 평소 양칠 때 그대로 나가야겠어."

다윗은 시냇가로 가서 매끄러운 돌 다섯 개를 골라 주머니에 넣고 양을 칠 때 들고 다니는 지팡이와 물매만 가지고 골리앗을 향해 천천히 걸어 나갔습니다.

"아니, 웬 애송이가 아장아장 걸어오는고? 그리고 또 저건 뭐야. 막대기가 아니냐? 아니 저 녀석이 나를 개로 여긴 게 아닌가? 저런 건방진 놈 같으니라고."

흥분을 하며 떠드는 골리앗 앞으로 다윗은 침착하게 다가갔습니다.

"야, 이 애송아! 어서 오너라. 내가 오늘 공중의 새와 들의 짐승들이 네 고기로 포식하게 해주마."

"골리앗! 너는 칼과 창으로 무장을 하고 나에게 오지만, 나는 만군의 여호와의 이름, 곧 네가 모욕하는 이스라엘 군대의 하나님의 이름으로 너에게 간다. 오늘 하나님께서 너를 내 손에 붙이실 테니 내가 너를 쳐서 네 머리를 베고 블레셋 군대의 시체로 공중의 새와 들짐승들에게 푸짐한 식사를 제공할 것이다. 오늘을 시점으로 온 땅으로 이스라엘에 하나님이 계신 줄 알게 하겠고, 하나님의 구원하심은 칼과 창에 있는 것이 아니라는 것을 너희 무리에게 알게 하실 것이다."

말을 마친 다윗은 골리앗을 향해 달려가며 주머니에서 돌을 꺼내 물매에 넣어 골리앗의 이마를 향해 던졌습니다. 돌은 골리앗의 이마에 명중되어 박혔습니다. 거대한 골리앗의 몸뚱이가 털썩 땅 위로 쓰러졌습니다. 다윗은 달려가 골리앗을 밟고 서서 그의 칼집에서 칼을 꺼내어 머리를 베었습니다. 블레셋 진중에서는 골리앗의 힘없는 죽음을 보고 모두들 놀라 도망치느라 정신이 없었습니다.

힘을 얻은 이스라엘 군사들은 소리를 지르며 쫓아가 블

레셋 군사들을 치기 시작했습니다. 칼과 창으로 무장한 블레셋 군사들은 하나님의 이름을 의지한 이스라엘 군사들에게 큰 패배를 당했습니다. 그 전쟁을 통해 다윗은 모든 백성들과 사울의 신하들에게 존경과 신뢰를 받게 되었습니다. 그래서 다윗과 이스라엘 군사들이 싸움에서 승리하고 돌아올 때 여인들이 나아와 춤을 추며 노래를 불렀습니다.

"사울이 죽인 자는 천천이요, 다윗은 만만이로다."

노랫가락이 울려 퍼질 때마다 사울 왕의 마음속엔 불쾌감이 쌓여 갔습니다.

"다윗에게는 만만을 돌리고 내게는 천천만 돌리다니… 다음번에는 저들이 다윗을 왕으로 세우겠구나. 백성들의 민심이 더 쏠리기 전에 다윗을 없애 버려야겠다."

이런 일이 있고 난 뒤, 사울은 다윗을 죽이기 위한 모략을 세우느라 여념이 없었습니다. 그런 사울에게 여전히 악신이 내려 괴로움을 더해줬습니다.

"어서 다윗을 불러 수금을 타게 하라. 지금 당장."

"사울 왕이시여! 또 악신이 괴롭힙니까? 잠시만 기다리십시오. 곧 수금을 타겠습니다."

다윗의 수금 소리를 들으며 사울은 안정을 되찾았습니다.

"휴우, 이제야 살 것 같다. 옳지. 지금은 아무도 없고 다윗은 수금을 타느라 정신이 없지. 지금은 아무도 다윗은 수금을 타느라 정신이 없으니 기회는 이때다. 내가 다윗을 저 벽에 박아 버려야겠다."

사울은 혼잣말로 중얼거리다가 갑자기 곁에 세워 둔 창을 들어 다윗을 향해 던졌습니다.

"왕이시여! 왜 이러십니까?"

다윗은 사울의 창을 피하며 이리저리 뛰어다녔습니다.

"하나님은 이미 나를 떠나 너와 함께 계신다. 그러니 내가 너를 미워하고 두려워하지 않겠느냐?"

"사울 왕이시여! 고정하소서. 저는 진정으로 왕을 존경합니다."

"네가 나를 존경하면 뭘 하냐? 백성들은 이미 너에게 마음이 가 있는데… 하지만 네가 없어져 버린다면 다시 백성

들은 나를 사랑하게 될 거다. 그러니 네가 진정으로 나를 존경한다면 나를 위해서 죽어줄 수 있겠느냐?"

"네? 죽어달라니요?"

"죽을 수 없다면 지금 당장 썩 꺼져버려!"

사울은 다윗을 죽이는데 실패하자 다윗을 자기 근처에 얼씬도 못하게 했습니다. 그리고 천부장을 삼아 백성들 앞에서 일을 하게 했습니다. 하나님이 다윗과 함께 계셔 지혜를 주시므로 사울은 다윗을 경계했으나, 백성들의 다윗에 대한 사랑은 날로 깊어만 갔습니다.

"다윗을 잡을 방법이 없을까? 어떻게 하면 다윗을 없앨까?"

날이 갈수록 사울의 다윗에 대한 증오는 쌓여만 갔습니다. 사울은 다윗을 자신의 적이라고 생각하며 '어떻게 하면 다윗을 죽일까?'하는 생각에만 사로잡혔습니다. 이 모습을 옆에서 지켜보던 사울의 아들 요나단이 다윗을 불렀습니다.

"다윗아! 내 아버지가 너를 적으로만 생각하고 죽이려고 하니 네가 피해 달아나는 게 좋을 것 같다."

"요나단! 나는 사울 왕께 아무런 잘못도 하지 않았어. 나의 마음은 하나님이 아실 거야."

"나도 다 알아. 그러니까 나도 내 아버지보다 너를 더 신뢰해서 얘기하잖아. 그러니 어서 여기를 떠나."

"오, 하나님! 제가 아무런 죄도 없이 왜 이렇게 당해야 하나요? 저는 제 나라 이스라엘을 위해 골리앗과 싸운 것 외에는 아무 일도 하지 않은 것 아시잖아요. 더더욱 사울 왕을 위해서는 충성을 다 바쳤는데… 하나님! 앞으로 어떡하면 좋을까요? 정말 모르겠어요. 하나님께서 가르쳐주세요."

다윗은 그 길로 그곳을 떠나 제사장 사무엘이 살고 있는 곳으로 갔습니다.

"요즘 다윗이 왜 안 보이지? 필시 도망간 게 아닐까?"

"왕이시여! 맞습니다. 다윗이 왕의 눈을 피해 달아나 나욧에 있습니다."

"그래? 지금 당장 잡아 오너라."

다윗은 사울과 그 일행들이 자기를 잡으러 나욧에 나타난 걸 확인하고, 사울의 아들 요나단을 만나러 왔습니다.

"요나단! 너의 우정을 생각해서라도 일이 잘 풀렸으면 좋겠어."

"다윗아! 하나님께서 내 아버지 사울 왕과 함께하셨던 것처럼 너와 항상 함께하시길 원한다."

다윗은 요나단과 아쉬운 작별을 하고 사울의 눈을 피해 또 도망을 가야 했습니다. 그때부터 다윗은 쫓기는 도망자의 신세가 되어 이곳저곳 떠돌게 되었습니다. 이런 다윗을 잡으러 사울도 정신없이 돌아다녔습니다. 거처가 일정하지 않은 다윗은 들판이나 굴에서 잠을 자며 굶주린 배를 움켜잡았습니다. 다윗이 사울에게 쫓긴다는 소문을 듣고 많은 사람들이 몰려왔습니다.

"다윗이여! 우리는 당신이 사울에게 쫓겨 다닌다는 소문을 듣고 찾아왔습니다. 세상에서 버티고 살기가 힘들어 이렇게 찾아왔으니 부디 우리를 받아주십시오."

"나는 지금 쫓기는 도망자의 신세요. 내가 무슨 힘이 있고 능력이 있겠습니까? 하지만 마음의 고통, 생활의 고통을 이기지 못해 찾아온 당신들을 내가 어떻게 외면하겠습니까? 우리 어렵더라도 함께 이겨냅시다."

"우와~ 다윗 만세, 다윗 만세."

다윗을 찾아온 사람들은 400명가량이나 되었습니다. 이제 다윗은 혼자 아니었습니다. 그를 따르는 사람들의 우두머리가 되었습니다.

"다윗이 쫓겨 다니면서도 사람들의 지지를 얻으며 사랑을 받아? 그럴 수 없지. 감히 이 사울을 놔두고 다윗에게 마음을 기울게 할 순 없지."

사울의 마음은 여전히 질투의 불길이 활활 타올랐습니다.

"여봐라! 누구든지 다윗에게 먹을 것을 줬다간 생명을 보전치 못할 것이다."

사울은 다윗이 자신의 눈을 피해 도망하고 있지만 누구 하나 밀고해 주는 사람들이 없어 몹시 마음이 언짢았습니다. 시간이 흐를수록 백성들의 마음이 다윗을 향하는 것 같아 불안하기만 했습니다. 그런 와중에도 다윗의 곁에는 날마다 사람들의 숫자가 더해만 갔습니다. 다윗을 따르는 많은 사람들과 함께 그는 광야에서 살게 되었습니다. 이 소문을 들은 사울은 3,000명의 사람들을 거느리고 다윗을 잡으러 광야에 나타났습니다.

"저 굴속에서 잠시 용변을 보아야지."

사울은 굴 입구로 들어갔습니다.

"다윗이시여! 사울이 제 발로 우리 굴속으로 들어왔습니다. 어서 이 기회를 통해 당신을 괴롭히는 사울을 없애 버리세요."

사울이 잠시 용변을 보러 들어간 굴은 공교롭게도 다윗이 굴 깊숙한 곳에 거처를 마련한 곳이었습니다. 다윗은 살금살금 사울에게 다가가 가만히 옷자락만 잘랐습니다.

"아니 당신을 아무 죄 없이 죽이려고 하는 원수 사울이 눈앞에 있는데! 이 절호의 기회에 옷자락만 베어오다니 말이 됩니까?"

"흥분하지 마시오. 내가 어찌 하나님께서 기름을 부은 사람을 함부로 손댈 수 있겠습니까? 하나님은 이런 일들을 기뻐하시지 않을 겁니다. 그래서 그에게서 옷자락만 베어 왔습니다. 그러니 행여 당신들도 사울 왕을 죽이는 죄를 범하지 마시오."

사울이 일어나 굴 밖으로 나가자 다윗이 뒤에서 외쳤습니다.

"내 주 사울 왕이시여!"

다윗의 목소리에 사울은 깜짝 놀라 뒤돌아보자 다윗은 그 자리에 엎드려 절하며 외쳤습니다.

"내 주 사울 왕이시여! 어찌하여 제가 왕을 해치려 한다고 생각하십니까? 그리고 그런 말로 중상모략 하는 사람들의 말에 귀를 기울이십니까? 오늘 하나님께서 굴에서 왕을 내 손에 붙이신 것을 아마도 아실 것입니다. 어떤 사람들은 나에게 왕을 죽이라고 권했지만 저는 왕을 아끼는 마음에 내 손을 들어 왕을 죽일 수 없다고 하였습니다. 그 이유는 당신이 여호와의 기름 부음을 받은 자이기 때문입니다. 사울 왕이시여! 그 증거로 내 손에 있는 당신의 옷자락을 보소서. 나는 왕을 죽일 수 있는 기회를 얻었지만 다만 옷자락을 베는 것으로 끝냈습니다. 그러니 이젠 나의 손에 악이나 죄과가 없는 줄 아시게 되었을 것입니다. 왕은 나를 죽이려고 내 생명을 찾고 다니지만 나는 왕에게 범죄한 일이 없습니다. 하나님께서 나와 왕 사이를 판단하시길 원합니다."

그러자 사울이 울면서 큰 소리로 말했습니다.

"다윗아! 얼마 만에 들어본 네 목소리냐? 네가 악을 선으로 갚는 것을 보니 나보다 낫구나. 오늘 하나님께서 네가 나를 죽일 수 있는 기회를 주셨지만 너는 나를 살려 주었구나. 사람이 그 원수를 만나면 어찌 평안하게 놓아주겠느냐? 네가 오늘 내게 행한 일로 하나님의 복을 받기를 원하노라. 다윗아! 나는 네가 반드시 왕이 될 것을 알고 있고 이스라엘 나라가 너로 인해 견고해질 것을 알고 있다. 그러니 너는 내 후손들에게 관대하게 대해주길 바란다. 다윗아! 나의 부탁을 하나님의 이름으로 맹세하고 들어주길 바란다."

다윗은 사울의 부탁에 맹세를 했습니다. 그 후, 사울은 자기의 초소로 돌아가고 다윗도 자기 사람들과 함께 굴로 돌아왔습니다.

"다윗이여! 우리가 광양에서 오랫동안 동굴 생활을 하느라 많이 굶주렸으니 배불리 먹는 것이 우리의 소원입니다."

"맞습니다. 고기와 떡으로 우리에게 먹여 주십시오."

"잠시만 기다려들 보시오. 내가 마을에 사는 나발이라는 사람에게 도움을 청해 보겠소. 그 사람은 양이 3,000마리, 염소가 1,000마리나 되는 부자기 때문에 나의 도움을 들어 줄 것이오."

다윗은 열 사람을 뽑아 나발에게 도움을 청하러 보내며 이렇게 전하라고 했습니다.

"하나님이 당신과 가족을 축복하시고 하는 일이 번성하시기를 원합니다. 당신의 목동들이 우리와 함께 있을 때 우리는 그들을 해치지 않았습니다. 이제 내 부하 몇 사람을 보내니 양식이 있으면 무엇이든지 좀 보내 주십시오."

다윗의 부하들이 그 말을 나발에게 전했습니다.

"무슨 소리를 하는 거요. 다윗이 누구인데 감히 나에게 도와주라고 하는 거요? 나는 떡 한 덩이, 물 한 모금도 줄 수 없소."

나발은 매몰차게 거절을 했습니다. 그래서 도움을 청하러 간 사람들은 빈손으로 터덜터덜 돌아왔습니다.

"아니, 왜 빈손들로 오시오?"

"나발이 거절했습니다. 다윗과 그 일행들을 위해서는 떡 한 덩이 물 한 모금도 내놓을 수 없다고요."

"그래요? 그럼 할 수 없군. 여러분들 각자 허리에 칼을 차고 나를 따르시오. 지금부터 우리의 도움을 거절한 나발을 치러 갑시다."

"좋습니다. 지금 당장 떠납시다."

"400명은 나와 함께 나발을 치러가고 200명은 여기 굴에 남아 있으시오."

다윗이 자기 사람들을 데리고 나발을 치러 떠나려 할 때 한 소년이 헐레벌떡 뛰어왔습니다.

"다윗이여! 나발의 아내 아비가일이 찾아왔습니다."

"나발의 아내가? 무슨 일이라고 하더냐?"

"글쎄요."

이때 나귀들에게 먹을 것을 가득 실은 아비가일이 도착했습니다. 아비가일은 다윗 앞에 무릎을 꿇고 앉았습니다.

"다윗이여! 미련한 제 남편의 죄를 용서해 주십시오. 그리고 노여움을 푸시고 준비해온 이 음식으로 사람들의 허기를 채워 주십시오."

"내가 나발에게 공짜로 음식을 달라고 하지 않았소. 나를 따르는 사람들이 나발의 짐승들을 광야에서 지켜 주었기 때문에 그의 소유가 늘어 갔는데, 이제 와서 모르는 척하니 이게 될법한 행동이오? 나발은 악으로 우리의 선을 갚았기 때문에 도저히 용서할 수 없소."

"다윗이여! 제발 욕심 많고 미련한 나발을 용서해 주세요. 저를 봐서라도 한 번만 참아 주세요."

"알겠소. 어리석은 나발이 지혜로운 아내를 둔 덕에 오늘 내 칼을 피하게 되었소."

다윗은 나발의 아내를 돌려보냈습니다. 아비가일이 집에 도착하자 그의 남편은 집에서 잔치를 베풀며 취해 있었습니다.

"당신은 어디를 갔다 오는 거요?"

"다윗과 그 일행들이 우리의 일을 많이 돕고 나서 배가 고파 먹을 것을 요구했는데 거절한 당신 때문에 그들을 만나고 오는 길이에요."

"뭐라고?"

"당신이 하나님의 사람이며 장차 이스라엘의 지도자가 되실 분께 어리석게 대한 대가는 반드시 받을 거예요."

"아니, 저 여편네가 지금 누구의 역성을 드는 거야? 사울 왕에게 쫓겨 다니는 역적에게 음식을 갖다 주고 와서는……."

아내와 얘기를 하던 나발은 순간 온몸이 굳어 옴을 느꼈습니다. 두려움 속에 열흘을 보낸 나발은 죽었습니다. 나발의 소식을 듣고 다윗은 하나님께 기도를 드렸습니다.

"나발의 악행을 그 머리에 돌리시고, 제가 죄를 짓지 않도록 손수 갚아주신 하나님을 찬송합니다."

한동안 잠잠했던 사울의 다윗에 대한 질투가 또 시작되었습니다.

"다윗을 잡으러 가야 해."

"사울 왕이시여! 십 광야에 다윗과 그 일행들이 머물고 있다는 정보가 들어왔는데 지금 출동 명령을 내릴까요?"

"그렇게 하라."

사울은 이스라엘에서 선택한 3,000명을 데리고 십 광야로 떠났습니다. 오랜 광야 생활로 그쪽 지리에 익숙한 다윗이 자기 사람들 몇을 데리고 밤중에 내려가니 많은 사람들에 둘러싸여 잠들어 있는 사울을 발견했습니다.

"다윗이여! 역시 이번에도 하나님은 당신 편이십니다. 당신의 원수가 당신 눈앞에서 이렇게 곯아떨어져 있으니 어서 창으로 찔러 땅에 박아 버리십시오. 두 번 찌를 것도 없이 단 한 방에 사울을 죽여 버리십시오."

"사울 왕에게 손대지 말라. 내가 전에도 말하지 않았느냐? 여호와의 기름 부음을 받은 자를 치면 그것이 하나님께 죄가 된다고… 살아계신 하나님께서 직접 사울을 치실 것이다."

"어떻게요?"

"사울을 곧 죽게 하시든지 아니면 전쟁터에서 죽게 하시든지……."

다윗은 사울의 머리맡에 놓여있는 창과 물병만 가지고 그 자리를 떠났습니다. 깊은 잠에서 깨어난 사울은 자신의 창과 물병이 없어진 것을 발견했습니다. 그때 다윗의 목소리가 들려왔습니다.

"사울 왕이시여! 어찌하여 주의 종을 쫓으십니까? 제가 당신께 무엇을 하였으며, 무슨 죄를 저질렀습니까? 이제 왕은 제 얘기를 들으십시오. 이 광야에서 저를 잡는 것은 산에서 메추라기 한 마리를 사냥하는 것과 같습니다. 어찌 이스라엘 왕이 벼룩 한 마리를 잡으러 나오셨습니까? 사울 왕이시여! 저는 왕께 죄가 없습니다. 제발 저를 마음 편하게 살게 해 주십시오."

"다윗아! 내가 잘못했다. 다윗아! 나에게 돌아오너라. 네가 오늘 또 내 생명을 살려 주었구나. 다시는 너를 해하려고 어리석게 굴지 않을 테니 나를 용서해다오."

"사울 왕이시여! 제가 가지고 온 당신의 창을 당신의 군사를 보내어 가져가소서. 제가 당신을 살려 주는 이유는 당신이 하나님의 기름 부음을 받은 사람이기 때문입니다."

사울은 잘못을 인정하고 돌아갔지만, 다윗은 매번 되풀이되는 사울의 행동을 믿을 수 없었습니다. 그래서 블레셋이란 나라로 자기 사람 600명을 이끌고 이주했습니다.

다윗이 블레셋으로 들어간 후 블레셋이 이스라엘에 전쟁을 일으켰습니다. 블레셋 사람들은 이스라엘 사람 다윗을 신뢰하지 않았습니다. 다윗은 용감한 용사였지만 자기 나라 사람이 아니라, 적국의 사람이었기 때문입니다. 이 전쟁으로 사울과 그 아들들은 모두 죽음을 맞이했습니다. 사울과 사랑하는 친구 요나단의 죽음 소식을 전해 들은 다윗은 오랫동안 슬퍼했습니다.

"나를 죽이려 했던 사울 왕과 나의 가장 사랑하는 친구

요나단이 죽다니… 비록 내가 사울 왕의 칼을 피해 도망 다니는 신세였지만 그가 좀 더 살았으면 좋았을 것을……."

다윗은 자기를 이유 없이 죽이려 했던 사울 왕이었지만 마음 한구석이 텅 빈 것 같았습니다.

"다윗은 참 이상해. 원수가 죽었는데 잔치는 못 베풀 망정 저렇게 슬퍼하고 있으니 이해할 수가 없어."

드디어 다윗은 사울의 뒤를 이어 이스라엘의 두 번째 왕이 되었습니다. 다윗은 하나님의 기름 부음을 받고 나서도 오랫동안 사울의 질투로 인한 죽음의 공포를 피해 도망 다니는 유랑 생활을 했습니다. 까닭 없이 자기를 죽이려 한 사울이었지만 다윗은 그가 하나님의 기름 부음을 받은 사람이라는 이유로 여러 차례 그를 살려 주었습니다. 이처럼 다윗은 자기의 감정이나 처지보다도 하나님에 대한 부분을 먼저 생각한 사람이었습니다. 자기를 아무런 죄 없이 죽이려고만 하는 원수를 충분히 죽일 수 있는 기회에 살려준다는 것은 보통 사람으로서는 하기 힘든 행동입니다. 그러나 다윗은 그때마다 자기를 죽이려 하는 원수라는 생각보다는 하나님의 선택받은 사람이라는 생각을 먼저 했습니다. 아마도 하나님은 이러한 다윗의 중심을 보시고 그를 '하나님 마음에 합한 사람'이라고 칭찬해 주셨을 것입니다.

한때는 가장 사랑받던 사울 왕으로부터 배신당해 쫓겨다닐 때, 다윗의 심정은 어떠했겠습니까? 하지만 다윗은 악을 선으로 갚을 줄 아는 하나님의 사람이었습니다. 그렇기 때문에 다윗은 그 광야의 유랑 생활을 마치고 왕으로서 당당하게 이스라엘 나라를 다스릴 수 있었고 하나님의 사랑을 받을 수 있었습니다.

물론 다윗의 생애가 늘 의로웠던 것만은 아니었습니다. 다윗도 용서받을 수 없는 치명적인 죄를 저질렀지만 선지자로부터 그 죄를 지적받았을 때 곧바로 하나님께 회개하고 눈물을 흘리는 모습을 보였습니다. 그리고 하나님은 그런 다윗을 용서해 주셨습니다. 다윗은 죄를 저질렀지만 회개함으로 다시 하나님의 사랑을 회복하였습니다.

Ⅳ
우리의 구원주 예수님

갈릴리 나사렛 동네에 목수 요셉이란 청년과 결혼을 약속한 마리아란 처녀가 살고 있었습니다. 나사렛은 이방인들이 많이 사는 보잘것없고 초라한 동네였습니다. 목수 요셉은 이스라엘의 두 번째 왕인 다윗의 후손이었습니다. 그러나 요셉은 너무나 가난한 목수였습니다.

"마리아와 결혼 날짜는 다가오는데 돈도 없고 일감도 시원찮으니……."

요셉은 깊은 한숨을 내쉬었습니다.

"이렇게 가난한 목수와 결혼을 하겠다는 마리아는 정말 착한 여인이야."

요셉의 걱정을 아는지 모르는지 마리아는 하루하루가 마냥 즐겁게 지나갔습니다.

"요셉은 너무나 착하고 신실한 사림이야. 가난하면 어떻고 직업이 목수이면 어때? 정직하고 착하고 성실하면 그만이지."

마리아가 요셉과 결혼할 날을 기다리던 어느 날 가브리엘 천사가 하나님의 보내심을 받고 마리아를 찾아왔습니다.

"은혜를 받은 마리아여! 기뻐하여라. 주님께서 너와 함께 계신다."

"누, 누구세요?"

마리아는 무슨 말인지 몰라 어리둥절하였습니다.

"마리아야! 무서워하지 말아라. 너는 하나님께 은혜를 받았다. 오늘 너에게 귀한 소식을 가지고 왔다."

"귀한 소식이라뇨?"

"네가 임신하여 아들을 낳을 것이다. 그 아들의 이름을 예수라 하라."

"아들을 낳는다고요?"

"그렇다. 예수는 위대한 인물이 될 것이며 지극히 높으신 하나님의 아들이라 불릴 것이다. 하나님께서 그 조상 다윗의 보좌를 그에게 주셨으니 영원히 야곱의 집에서 왕노릇할 것이요, 그 나라가 끝없이 계속될 것이다."

"하지만 가브리엘 천사님! 저는 아직 결혼도 안 했는데 어떻게 아들을 낳을 수 있겠습니까?"

"성령이 너에게 임하시고 지극히 높으신 하나님의 능력이 너를 덮으리니 태어나실 거룩한 분은 하나님의 아들이라 불릴 것이다."

"저는 아무것도 모르는 비천한 사람이지만, 하나님의 말씀이 제게서 이루어질 것을 믿습니다."

가브리엘 천사가 떠나가고 마리아는 하나님께 찬송을 드렸습니다. 가브리엘 천사의 예언대로 마리아는 잉태를 하게 되었습니다.

"정말 믿을 수 없어. 나는 마리아랑 결혼도 안 했는데 마리아의 뱃속에서 아이가 자라고 있다니… 오, 하나님! 어떡하면 좋겠습니까? 차라리 아무 말 없이 마리아와 결혼하겠다는 약속을 취소시킬까요?"

요셉은 마리아의 잉태 사실에 당황할 수밖에 없었습니다. 그런데 꿈에 주님의 천사가 나타나 말했습니다.

"다윗의 자손 요셉아! 마리아와 결혼하는 걸 두려워 말아라. 마리아의 뱃속에 잉태된 자는 성령으로 된 것이다. 마리아가 아들을 낳을 테니 그 이름을 '예수'라 하라. 예수는 자기 백성을 저희 죄에서 구원하실 것이다."

"아니 천사님! 정말 마리아의 뱃속에 있는 아이가 성령으로 잉태됐습니까?"

"그렇다."

요셉은 천사의 말을 듣고 마리아와 결혼을 했습니다. 그러나 아들을 낳을 때까지 잠자리를 같이 하지 않았습니다. 예수님은 마리아의 몸을 빌려 태어나셨지만 그의 출생은 성령의 능력으로 잉태된 놀라운 사건이 있었습니다. 그 무렵 로마 황제로부터 인구 조사를 하라는 명령 때문에 사람들은 호적을 등록하려고 고향으로 가야 했습니다.

“마리아! 호적을 하려면 멀리 베들레헴까지 가야 하는데 당신의 출산 날이 가까웠으니 걱정이오.”

“너무 걱정하지 마세요. 저도 베들레헴까지는 충분히 갈 수 있을 것 같아요.”

“그러면 어서 길 떠날 채비를 합시다.”

요셉과 마리아는 나사렛을 떠나 베들레헴으로 향했습니다. 베들레헴은 다윗의 동네라고도 불렸습니다. 베들레헴에 도착했을 때는 해산할 날이 되었고 날은 저물었습니다. 요셉과 마리아는 쉴 만한 곳을 찾았습니다.

“요셉! 너무 많이 걸어와서 그런지 자꾸만 배가 아파와요.”

“마리아! 혹시 아이가 태어나려고 그런 것 아니오?”

“글쎄요.”

“아이고, 큰일 났네. 어서 방을 구해야겠는데…….”

요셉과 마리아는 이곳저곳을 돌아다니면서 빈방을 구했습니다.

“여보시오, 제 아내가 지금 아이를 낳으려고 해요. 그러니 빈방이 있으면 좀 빌려주시오.”

"빈방이요? 우리 집엔 없는데 딴 데 가서 알아보시오."

"여보세요. 혹시 빈방 있습니까?"

"없어요."

"어휴, 이렇게 많은 집들이 있는데 내 아내가 아이를 낳을 수 있는 방 한 칸이 없다니……."

괴로워하는 마리아를 부축하고 요셉은 허름한 마구간을 찾아왔습니다.

"할 수 없다. 이곳에서라도 출산 준비를 하는 수밖에……."

마구간엔 휑한 바람 소리와 지푸라기에 배어 있는 말들의 오물 냄새가 섞여 있었습니다.

"마리아! 도저히 방을 구할 수가 없으니 이곳에서라도 아이를 맞이합시다. 정말 미안하게 되었소."

"마구간이라도 있으니 얼마나 다행이에요? 걱정하지 마세요."

드디어 마구간에 아기 울음소리가 났습니다. 깜박깜박 졸고 있던 말들도 깜짝 놀라 눈을 떴습니다. 새벽 별이 유

난히 반짝이며 마구간 위에서 빛을 내고 있었습니다.

"마리아! 정말 천사님이 예언하신 대로 아들이 태어났소. 천사가 가르쳐준 대로 이름을 '예수'라 합시다."

요셉은 아기를 말구유 속에 조심스럽게 뉘었습니다. 바로 그때 마구간 밖에서 시끌벅적한 소리가 들려왔습니다.

"우리들은 들판에서 양들을 지키는 목자들인데 천사가 나타나 다윗 동네에 구주가 태어나셨다는 소식을 전해 주었습니다."

"예. 그 구주께서 말구유에 누워계실 거라고…… 어? 정말 구유 안에 아기가 있네."

"여기가 확실하군. 그리고 말구유에 누우신 저 아기가 우리의 구주시고…… 오, 하나님 모든 영광을 주님께 돌립니다."

목자들은 겸손하게 무릎을 꿇고 아기 예수께 경배를 드렸습니다. 적막하던 마구간이 갑자기 축제 분위기로 바뀌었습니다.

헤롯 왕 때 동방에서 박사들이 찾아왔습니다.

“어떻게 찾아오셨습니까?”

“예, 저희는 별을 보고 왕께 경배드리러 왔습니다.”

“그렇군요. 아무튼 우리 모두 구원의 주, 왕이신 아기께 경배를 드려요.”

“좋습니다. 참, 우리가 왕께 드릴 선물을 준비했는데…….”

박사들은 아기 예수께 경배를 드린 후 황금과 유향과 몰약을 선물로 드렸습니다. 박사들이 돌아간 후 주님의 천사가 꿈에 요셉에게 나타나 말했습니다.

“요셉아!”

“예, 천사님.”

“헤롯이 지금 아기를 죽이려고 찾고 있으니 어서 빨리 마리아와 아기를 데리고 애굽으로 피하라.”

“아니, 천사님! 지금 애굽으로 내려가라고요?”

“요셉! 요셉! 지금 뭐라고 잠꼬대를 하는 거예요?”

“마리아! 큰일 났소. 꿈에 주의 사자가 나타나 얼른 애굽으로 피하라고 하였소. 그렇지 않으면 우리 아기가 위험하다고…… 그러니 어서 여기를 떠납시다.”

"예, 알겠어요."

요셉과 마리아는 아기 예수를 데리고 애굽을 향해 길을 떠났습니다. 그리고 애굽에서 헤롯이 죽기까지 생활했습니다.

한편 아기 예수를 죽이지 못한 헤롯은 두 살 이하의 사내아이들을 모두 죽여 버렸습니다. 헤롯이 죽은 후 요셉과 마리아는 다시 이스라엘 땅으로 돌아오게 되었습니다. 그러나 헤롯의 아들이 왕이 된 것을 알고 너무나 두려워 나사렛 동네에 와서 조용히 살게 되었습니다. 요셉은 나사렛에서 예전의 목수 일을 계속하게 되었습니다. 그러는 동안 아기 예수도 무럭무럭 자라 열두 살의 소년으로 성장했습니다.

"예수!"

"예, 아버님."

"이제 며칠 후면 유월절이니 예루살렘으로 떠날 채비를 하거라."

“예. 알겠습니다. 이번 유월절에도 예루살렘 성전엔 절기를 지키러 찾아온 이스라엘 사람들로 장관을 이루겠죠?”

“그럼. 유월절은 우리 조상 대대로 지켜온 명절인걸. 그리고 우리 이스라엘 사람들은 절대로 유월절을 잊으면 안 된단다.”

“아버님! 우리가 어떻게 유월절을 잊겠어요? 그날은 애굽에서 종살이 하던 이스라엘 백성들을 하나님의 능력으로 구해주신 기념일인데…….”

“하하하~ 역시 우리 예수는 똑똑하구나.”

요셉과 마리아는 예수의 손을 잡고 예루살렘을 향해 떠났습니다.

“예수야! 아빠 엄마 곁을 떠나면 안 된다. 사람들이 너무 많아 서로 잃어버리면 찾기가 몹시 힘들 테니 주의하거라.”

요셉과 마리아, 어린 예수는 예루살렘 성전에서 유월절 절기를 지키고 다시 나사렛으로 돌아올 준비를 했습니다.

“여보! 빠진 물건이 없나 잘 챙겨서 어서 집으로 돌아갑시다.”

"알겠어요."

요셉과 마리아는 그곳에서 만난 친척들과 이야기를 나누며 하룻길을 걸어갔습니다.

"여보! 예수가 친척들과 이야기를 나누며 뒤따라오는 줄 알았는데 안 보여요."

"그래? 이거 큰일 났군. 혹시 이 많은 사람들 속에 휩쓸려 길을 잃은 게 아닐까?"

"어떡하죠? 분명히 길을 잃었나 봐요."

"침착하게 찾아봅시다. 예수야! 예수야!"

"아무리 불러도 없어요."

"허허 그것참. 여보! 혹시 예루살렘에서 예수가 그대로 머물고 있는 게 아닐까?"

"그럴지도 모르겠어요."

"그럼 이러고 있을 때가 아니지. 여보. 얼른 서둘러요. 예루살렘으로 어서 되돌아갑시다."

"예, 알겠어요."

요셉과 마리아는 오던 길을 되돌아서 다시 예루살렘으

로 걸어갔습니다. 하루, 이틀, 사흘 아무리 예수를 찾아 다녀도 보이지 않았습니다.

"마지막으로 성전엘 한번 가봅시다."

"거기는 이미 유월절 행사도 끝나고 사람들도 모두 흩어져 집으로 갔을 텐데요?"

"그래도 성전만 빼놓고는 다 돌아봤으니 한번 가봅시다."

"알겠어요."

요셉과 마리아는 예루살렘 성전으로 걸어갔습니다. 성전 안에는 선생들이 모여 말씀을 토론하고 있었습니다. 그런데 어린 예수가 어른 선생들 틈에 홀로 끼어 앉아 묻기도 하고 듣기도 하며 이야기를 나누고 있었습니다.

"예수야! 여기서 무얼 하고 있느냐? 우리는 너를 잃어버린 줄 알고 얼마나 애간장이 탄 줄 아니?"

"네 엄마 말이 맞다. 너를 잃어버린 줄 알고 가던 길을 되돌아서 이렇게 다시 왔단다."

"어머니, 아버지! 왜 저를 찾으셨어요? 제가 제 아버지 집에 있는 것이 당연한데…….”

“아니, 재가 무슨 말을 하는 거야?”

“알겠어요. 아버지, 어머니! 나사렛으로 갈게요.”

예수의 부모님은 예수가 하나님의 아들이시기 때문에 성전에 계신 것이 당연하다는 말씀을 이해하지 못했습니다. 어린 예수는 키가 자라듯 지혜가 자라가며 하나님과 사람들한테 사랑을 받았습니다.

예수님은 성장하여 서른 살의 어른이 되었습니다.

“이젠 내가 하나님의 아들로서 세상 사람들에게 구원 사역을 할 때가 왔구나.”

예수님은 광야에 나가서 40일 금식기도를 하시며 앞으로 이루어 나갈 사역에 대해 준비하셨습니다.

“하나님의 구원 사역을 이루기 위해 그 아들 예수가 금식기도를 하고 있다고? 그냥 바라만 보고 있다면 마귀가 아니지. 얼른 가서 방해 해야지.”

마귀는 예수님이 금식기도를 하고 계시는 광야로 나갔습

니다. 40일 동안 아무것도 먹지 못하고 있으니, 굶은 예수님에게 음식으로 유혹을 했습니다.

"예수여! 예수여! 당신이 만일 하나님의 아들이라면 이 돌들에 명령하여 떡 덩이가 되게 하시오. 당신에게 그런 능력이 있다면 당신은 틀림없이 하나님의 아들이라 존경을 받을 것이오."

그러나 예수님은 마귀에게 이렇게 말씀하셨습니다.

"성경에 사람이 떡으로만 사는 것이 아니라 하나님의 입에서 나오는 모든 말씀으로 산다고 쓰여 있다."

"아니, 40일 동안이나 아무것도 먹지 않았는데 떡 대신 하나님의 말씀이라고? 1회전은 완전히 이 마귀의 패배군. 하지만 이대로 물러설 마귀가 아니지. 어디 두고 보자."

마귀는 자기가 진 것을 만회하기 위해 다시 거룩한 성으로 데려가 성전 꼭대기에 세우고 말했습니다.

"예수여! 거룩한 성의 성전 꼭대기에서 한번 뛰어내려

보시오. 당신이 만일 하나님의 아들이라면, 하나님이 천사들에게 명령하여 당신을 받아주게 할 것이오.”

“주 너의 하나님을 시험치 말라.”

“뭐라고? 이번에도 넘어가지 않으면서 하나님을 시험하지 말라고? 그렇다면 마지막 비장의 무기를 내놓겠다. 그래, 이번에도 순순히 뿌리칠 수 있을까?”

마귀는 예수님을 데리고 지극히 높은 산으로 올라가 세상 모든 나라와 그 영광을 보여주면서 말했습니다.

“예수여! 내게 엎드려 경배하시오. 그러면 여기에 있는 모든 것을 다 주겠소. 제발 한 번만 엎드려 경배해 주시오.”

“사단아! 썩 물러가라. 주 하나님께만 경배하고 하나님만 섬길 것이다.”

단호한 예수님의 한마디에 마귀는 꼼짝도 못 하고 물러가고 천사들이 나와서 예수님을 수종 들었습니다. 시험에서 이기신 예수님은 성령의 권능을 얻고 사역을 시작했습니다. 예수님의 소문은 사방으로 퍼졌습니다.

“‘주께서 나를 성령으로 충만하게 하셨으니, 가난한 사람에게 기쁜 소식을 전하게 하시려고 나를 택하여 보냈다. 그가 나를 보내신 것은 마음이 상한 자를 고치고, 포로에게 자유를 선포하며, 눈먼 사람을 다시 보게 하고, 짓눌린 사람을 풀어 주며, 주께서 은혜 베푸실 때를 전파하도록 하기 위해서이다.'라는 이사야 선지자의 글이 오늘날 너희들 귀에 응답 되었도다."

"아니, 저 사람은 목수 요셉의 아들 예수가 아니오? 배우지도 못한 예수가 감히 이사야 선지자의 말씀을 회당에서 가르치다니……."

"그러게 말이야. 그렇게 가난하고 천박한 목수 주제에 어떻게 말씀을 알았지?"

"그런데 저 예수의 지혜와 권능은 어찌 된 거지?"

"글쎄, 도무지 이해할 수 없는 일이야."

"우리도 여기서 얼쩡거리다간 저 천박한 예수와 같은 취급을 당할 테니 어서 자리를 피하세."

"그래그래. 그게 좋겠네."

예수님이 성령의 능력으로 권능을 행하고 고향에 돌아

와 회당에서 말씀을 가르치고자 하셨으나 고향 사람들과 친척들은 모두 예수님을 외면했습니다.

"예언자가 자기 고향에서는 환영을 받지 못한다."

예수님은 고향 나사렛에 한마디를 남기신 후 천국 복음을 전하시기 위해 발걸음을 재촉하셨습니다. 예수님이 가시는 곳에는 가난한 사람, 병든 사람, 귀신 들린 사람들이 항상 구름떼처럼 몰려들었습니다. 예수님은 일일이 그들을 돌보아 주시면서 천국에 관한 말씀을 들려주셨습니다. 그러한 예수님을 서기관이나 바리새인, 대제사장들은 무척 싫어했습니다. 그들은 어떻게 하면 예수님의 단점을 끄집어낼까 기회만 엿보고 있었습니다.

"예수란 작자가 도대체 누구요? 그가 누구길래 병을 고치고, 귀신을 쫓아내고, 기적을 베푸는 거요? 지금 온 나라가 예수 이름만 나오면 들썩들썩하고, 백성들은 구름떼처럼 그에게 몰려다니고 있단 말이오."

"그뿐인 줄 아시오? 자기가 죄를 용서해 주는 권세를 가졌느니, 하나님의 아들이니 하고 헛소리를 하며 건방을 떨고 있다 하더군."

"그래요? 이 예수란 작자를 그대로 뒀다간 어떤 일이 일어날지 모르겠군. 어디서 감히 자기를 하나님의 아들이라고… 발칙하게 시리……."

"기왕 말이 나왔으니 당장 그 예수를 잡아들입시다."

"조금만 참아봅시다. 기회를 잘 봐서 잡아들여야지 잘못했다간 우리가 오히려 당할지도 몰라요. 예수를 쫓아다니는 군중들이 많아서……."

"그도 그렇군."

대제사장과 서기관들이 예수님을 죽일 궁리를 하고 있을 때 예수님의 열두 제자 중 가룟 유다에게 사단이 들어갔습니다.

"대제사장과 서기관들이여! 무엇을 그리 머리 아프게 생각하십니까? 제가 책임지고 예수를 당신들 손에 넘겨주면 얼마나 주겠소?"

"자, 여기 은화 30개를 주겠소."

돈을 받은 후 그때부터 가룟 유다는 예수님을 넘겨줄 기회를 찾기 시작하였습니다. 예수님은 마지막 저녁 식사를 제자들과 함께했습니다. 가룟 유다도 그 자리에 참석했습니다. 예수님은 떡과 포도주를 나누시며 말씀하셨습니다.

"이것은 너희를 위하여 주는 내 몸이란다. 이 잔은 내 피로 세우는 새 언약이란다. 그런데 나를 파는 자의 손도 나와 함께 상 위에 있구나. 나는 이미 작정된 대로 가지만 나를 파는 그 사람에게는 화가 있을 것이다."

"예수님은 누가 당신을 팔 것이라고 하는 걸까?"

"글쎄, 나는 꿈에도 그런 생각을 한 적이 없는데……."

"예수님! 누가 감히 예수님을 팔아넘기겠습니까? 그건 말도 안 되는 소리죠."

"베드로야! 오늘 밤 닭이 울기 전에 네가 세 번이나 나를 모른다고 말할 것이다."

"예수님! 무슨 그런 섭섭한 말씀을 하시는 거예요? 제가 예수님을 얼마나 사랑하는데 세 번씩이나 예수님을 모른다고 부인하겠어요? 그건 정말 말도 안 되는 소리예요."

예수님은 조용히 베드로를 바라보셨습니다. 그리고 가룟

유다를 쳐다보셨습니다. 가룟 유다는 감히 예수님의 눈도 마주 보지 못하고 슬그머니 밖으로 나가 어둠 속으로 사라졌습니다. 밤이 깊어가자 예수님은 감람산에 올라가셨습니다. 몇몇 제자들이 예수님을 따라나섰습니다.

“너희는 이곳에서 기도를 드리거라. 나는 조금 더 올라가서 기도를 드릴 테니…….”

“오늘따라 예수님이 이상하셔. 왜 우리더러 떨어져서 기도를 드리라고 하시지?”

“아무 말 하지 말고 그냥 순종하자.”

“알았어.”

예수님은 제자들과 조금 떨어진 곳에 무릎을 꿇고 앉아 두 손을 모았습니다.

“아버지, 할 수만 있으면 이 고난의 잔을 내게서 거두어 주옵소서. 그러나 제 뜻대로 하지 마시고 아버지의 뜻대로 하시기를 원합니다.”

예수님은 장차 받으실 십자가의 고통을 위해 간절히 기도를 드리셨습니다. 땀방울이 핏방울이 되도록…….

기도를 마치신 예수님이 제자들에게 왔을 때 제자들은 이미 깊은 잠에 곯아떨어져 있었습니다. 예수님과 함께 사역하고, 함께 기도드리며, 함께 먹고 마시던 제자들이었음에도 불구하고 십자가의 죽음을 앞에 두고 땀이 핏방울같이 되도록 고민하며 기도하던 예수님의 심정을 헤아린 사람은 단 한 사람도 없었습니다.

“어찌하여 자고 있느냐? 시험에 들지 않게 일어나 기도하라!”

예수님이 제자들에게 말씀하고 계실 때 검과 몽치로 무장한 사람들과 함께 가룟 유다가 나타났습니다.

“예수님!”

가룟 유다가 예수님께 입을 맞추려고 다가왔습니다.

“유다야! 네가 입맞춤으로 나를 팔고자 하느냐?”

가룟 유다가 비열하게 웃고 있는 순간 예수를 잡으러 온 사람들이 여러 제자들 가운데 유다가 입을 맞추는 사람이 예수님이란 걸 알고 달려들었습니다. 예수님은 아무 말 없이 순순히 자신의 몸을 내어 주셨습니다.

그들이 예수님을 잡아 대제사장의 집으로 끌고 들어가자 베드로도 멀찍이 뒤따라갔습니다. 사람들이 뜰 한가운데 불을 피우고 둘러앉아 있을 때 베드로가 그들 틈에 끼어 앉았습니다. 그때 여종 하나가 불을 쬐고 있는 베드로를 유심히 보더니 말했습니다.

"어? 이 사람도 예수와 함께 있던 사람이네."

"이 여자가 지금 무슨 소리를 하는 거야? 나는 예수의 예자도 모르는 사람인데……."

베드로는 겁이 나서 거짓말을 한 뒤 휴우, 하고 한숨을 내쉬었습니다. 조금 후에 또 다른 사람이 베드로 곁에 와서 말을 했습니다.

"당신도 예수당 사람 아냐?"

"아닙니다. 나는 절대 아닙니다."

한 시간쯤 지난 후에 또 다른 사람이 와서 말했습니다.

"이 사람은 갈릴리 사람인 것을 보니 틀림없이 예수와 함께 있었을 텐데……."

"아, 글쎄 아니라니까. 나는 당신이 무슨 말을 하고 있는지 도무지 모르겠어."

그때 어디선가 새벽닭 울음소리가 들려왔습니다. 베드로는 '네가 오늘 밤 닭 울기 전에 네가 세 번이나 나를 모른다고 하리라.'하시던 예수님 말씀이 생각나 밖으로 나가 한없이 울었습니다. 그러는 동안 날이 밝아 왔습니다. 예수님은 죄인이 되어 법정에 서 계셨습니다. 백성의 장로들, 대제사장, 서기관들이 모여 서 있고 구경하는 사람들이 몰려들었습니다.

"네가 그리스도냐?"

"내가 그리스도라고 해도 너희가 믿지 않을 것이고, 내가 물어도 너희가 대답하지 않을 것이다. 그러나 이 순간 이후부터 내가 전능하신 하나님의 오른편에 앉을 것이다."

"그렇다면 네가 하나님의 아들이란 말이냐?"

"그렇다. 너희 말대로 나는 하나님의 아들이다."

"더 볼 것도 없다. 감히 인간 주제에 하나님의 아들이라고?"

그들은 예수님을 빌라도 앞으로 끌고 갔습니다. 빌라도는 예수님에게서 아무런 죄도 발견하지 못하여 헤롯에게 보냈습니다. 헤롯이 예수님께 여러 가지를 물어보았으나 아무 대답도 하지 않으셨습니다. 헤롯은 군인들과 함께 예수님을 업신여기고 조롱한 후 화려한 옷을 입혀 빌라도에게 다시 돌려보냈습니다.

판결을 맡은 빌라도는 예수님이 하나님의 아들이라고 주장하는 것 외에는 아무런 죄도 발견할 수 없어서 예수님을 놓아주고자 했습니다. 그는 웅성거리는 많은 백성들에게 큰 소리로 말했습니다.

"여러분! 그렇게 흥분만 하지 마시고 냉정하게 생각하시오. 오늘 여러분이 십자가에 못 박으라고 데리고 온 예수에게서 나는 죄 될 만한 것을 발견하지 못했소. 그래서 매나 몇 대 때려서 풀어 주려고 하오."

그러나 군중들은 일제히 크게 소리 질렀습니다.

"안 됩니다. 차라리 살인강도 바라바를 풀어 주고 예수를 십자가에 못 박으시오."

"나는 이 사람이 무슨 악한 일을 했는지 모르겠소. 그러니 죽일 수 없소. 차라리 때려서 그냥 풀어 주겠소."

예수님이 예루살렘에 들어오실 때 겉옷을 벗어 길에 펴며 환영하던 많은 사람들이 지금은 십자가에 못 박으라고 소리를 지르며 외쳤습니다.

"안 됩니다. 예수를 십자가에 못 박으시오. 빌라도여! 예수를 십자가에 못 박으시오."

군중들의 함성에 빌라도는 바라바를 풀어 주고 예수님을 십자가에 못 박도록 그들에게 넘겨주었습니다. 사람들은 예수님을 십자가에 못 박기 위해 끌고 나갔습니다.

예수님의 머리에는 가시면류관이 씌워졌습니다. 그리고 사람들은 갈대로 예수님의 머리를 치며 침을 뱉었습니다. 그들이 예수님께 쓴 포도주를 마시게 했지만 맛보시고 마시지 않았습니다. 이윽고 골고다 언덕에는 망치 소리가 들렸습니다. 사람들은 예수님을 십자가에 못 박은 후 예수님의 옷을 가지고 제비뽑기를 하여 나눴습니다. 예수님이 못 박히신 십자가에는 '유대인의 왕 예수'라는 죄패가 붙었습니다.

"십자가에 못 박혀 있는 유대인의 왕이여! 남은 구원할 수 있어도 당신 자신은 구원할 수 없나이까?"

"이스라엘 왕이시여! 어디 지금 십자가에서 뛰어내려 보시지."

"당신이 과연 하나님의 아들이라면, 하나님이 지금이라도 당신을 구원해 주시겠지?"

십자가 앞에서 예수님을 향한 야유와 비웃음 소리가 여기저기서 들려왔습니다. 낮 열두 시, 갑자기 어두움이 온 땅을 뒤덮었습니다. 이 어두움은 오후 3시가 될 때까지 계속되었습니다.

"엘리, 엘리, 라마 사박다니(나의 하나님, 나의 하나님 어찌하여 나를 버리셨나이까?)."

십자가에 못 박히신 예수님께서 하늘을 우러러보며 마지막으로 외치시며 숨을 거두시자 성소의 휘장이 위에서 아래까지 찢어지고 땅이 흔들리며 바위가 갈라졌습니다. 무덤들이 열리며 자던 많은 성도들이 살아났습니다.

"큰일 났다. 우리가 하나님의 아들을 죽였다."

INRI

"장차 이 일을 어찌하면 좋을꼬."

사람들은 두려움으로 모두 흩어졌습니다. 십자가 위에 예수님은 그대로 피를 흘린 채 계셨습니다.

"빌라도여! 저는 아리마대 사람 요셉입니다. 저에게 예수님의 시체를 주십시오."

"여봐라, 저자에게 예수의 시체를 내주거라."

요셉은 예수님의 시체를 가져와 핏자국을 씻고 하얀 세마포에 싸서 자기가 사용하기 위해 준비한 새 무덤에 안치시켰습니다.

"사랑하는 우리 예수님이 그렇게 처참하게 십자가에 못 박히시다니……."

"평소에 그분이 우리에게 베푸신 사랑을 한번 생각해봐. 나는 지금 이런 현실들을 도저히 받아들일 수 없어."

막달라 마리아와 다른 마리아가 예수님이 돌아가신 지 3일째 되는 날 예수님의 무덤으로 찾아왔습니다. 그런데 큰 지진이 나며 천사가 내려와 무덤의 입구를 막고 있던 돌을

굴려내고 그 위에 앉아 있었습니다.

"이게 무슨 일이지?"

"무서워 말아라. 너희가 십자가에 못 박히신 예수님을 찾고 있는 모양인데, 예수님은 여기에 계시지 않고 전에 말씀하신대로 다시 살아나셨다. 이 무덤 속에 와서 예수님이 누우셨던 곳을 보아라."

"예수님이 살아나셨다고요? 그게 정말이에요?"

"우리 이러고만 있지 말고 어서 들어가서 확인해보자. 정말로 우리의 예수님이 살아나셨는지……."

"정말 예수님이 안 계셔."

"예수님의 말씀대로 정말 예수님이 살아나셨나 봐."

"어서 예수님의 제자들에게 가서, '예수님이 죽은 자 가운데서 살아나셨다고… 지금 예수님은 갈릴리로 가셨으니 그곳에서 뵙도록 하라.'고 말하시오."

막달라 마리아는 두려움과 떨림으로 정신이 없었지만, 예수님께서 살아나셨다는 소식에 기쁨을 감출 수 없었습니

다.

"이러고 있을 때가 아니야. 어서 가자."

"그래."

여자들은 정신없이 제자들이 머무는 곳을 향해 뛰었습니다. 부활하신 예수님께서 뛰어오는 여자들을 향해 부드럽게 얘기하셨습니다.

"잘 지냈느냐?"

여자들은 아무런 말도 하지 못 하고 예수님의 발을 붙잡고 경배했습니다.

"무서워하지 말아라. 너희들은 얼른 가서 내 형제들에게 갈릴리로 가라고 하여라. 내가 거기서 그들을 볼 것이다."

여자들은 기쁨에 못 이겨 날 듯이 뛰어가 제자들에게 전했습니다. 드디어 예수님은 가룟 유다를 제외한 열한 제자와 갈릴리에서 만났습니다.

"하늘과 땅의 모든 권세를 내게 주셨으니, 그러므로 너희는 가서 모든 민족을 제자로 삼아 아버지와 아들과 성령의 이름으로 세례를 주고, 내가 너희에게 분부한 모든 것을 가르쳐 지키게 하라. 볼지어다. 내가 세상 끝날까지 항상 너

희와 함께 있겠다.”

부활하신 예수님은 제자들에게 세상 만민에게 복음을 전할 것을 당부하셨니다. 그 후 40일 동안을 제자들과 함께 계시며 사람들에게 하나님 나라의 일을 말씀하셨습니다. 예수님의 모든 생애는 오직 하나님 나라의 복음을 전하는데 다 바쳐졌습니다.

“오직 성령이 너희에게 임하시면 너희가 권능을 받고 예루살렘과 온 유대와 사마리아와 땅끝까지 이르러 내 증인이 되리라.”

예수님은 이 땅에서의 마지막 말씀을 마치시고 많은 갈릴리 사람들이 보는 가운데 하늘로 올리어 가시자 구름에 가려 다시는 보이지 않았습니다. 제자들이 너무 놀라 하늘을 바라보고 있을 때 갑자기 흰옷 입은 두 사람이 사람들 곁에 서서 말했습니다.

“갈릴리 사람들아! 어찌하여 하늘을 쳐다보느냐? 너희

가운데서 하늘로 올리어 가신 예수님은 하늘로 가심을 본 그대로 오실 것이다."

V
최초의 선교자 바울

"여러분! 예수 그리스도께 회개하고 회개에 합당한 일을 하시오."

바울은 지나가는 사람들을 향해 외쳤습니다.

"아니 저 사람은 예수 그리스도를 믿는다고 사람들을 끌어다 옥에 가두는 사울이 아니오?"

"그러게 말이야. 언제는 예수 그리스도를 믿는다고 사람들을 핍박하더니 웬일이지?"

"혹시 사울이 저렇게 해서 예수 그리스도를 믿는 사람들을 잡으려고 계략을 쓰는 게 아닐까?"

"그래. 사울이 고단수의 계략을 쓰는 게 분명해."

"그렇다면 어서 빨리 이 자리를 피해야지."

"그래. 그래."

바울이 목청껏 외치고 있었지만 사람들은 거들떠보지도 않고 지나가 버렸습니다.

"여러분! 저는 예수 그리스도를 믿는 사람들을 핍박하던 사울이 아닙니다. 이젠 예수 그리스도의 이름을 증거하는 바울입니다. 사울이 예수님으로 인해 바울로 변화됐습니다."

"지금 저 무시무시한 사울이 뭐라고 그랬소? 내가 잘못 들었나?"

"뭐 사울이 바울로 변화됐다나?"

"아, 당신도 그렇게 들었어?"

"예."

"그게 참말인가?"

웅성거리며 하나둘씩 사람들은 서로 눈치를 살피며 바울 주변으로 모여들기 시작했습니다.

"여러분! 저는 아시다시피 예수 그리스도를 믿는 사람들을 옥에 가두며 핍박하던 사울이었습니다. 제가 예수의 제자들을 잡아 꽁꽁 묶어서 예루살렘으로 잡아 오려고 살기가 등등하여 길을 가고 있을 때였습니다. 다메섹에 가까이 가고 있는데 갑자기 하늘에서 빛이 쏟아져 저를 둘러 비추는 게 아니겠어요? 저는 너무나 두려워 땅에다 얼굴을 대고 엎드렸지요. 그때 소리가 들렸습니다. '사울아! 사울아! 네가 왜 나를 괴롭히느냐?'하고요."

"그렇다면 그 사람이 누구였습니까?"

"예. 저도 궁금해서 물었답니다. 당신은 누구십니까?"

"그랬더니요?"

"'나는 네가 핍박하는 예수다.'라고 하시는 게 아니겠어요?"

"예수요? 아니, 예수 그리스도는 십자가에서 돌아가셨다가 다시 3일 후에 부활하시고 이젠 승천하셔 우리 곁에 안 계시는데……."

"순간 저는 깜짝 놀랐답니다. 그런데 예수님께서 저더러 어서 일어나 성으로 들어가라는 거예요. 거기에 가면 내가 앞으로 어떻게 행동해야 할지 가르쳐 주는 사람이 있을 거라고……."

"그래서 갔어요?"

"그때부터 저는 눈은 떴으나 아무것도 볼 수가 없었어요. 결국 같이 가던 사람들의 도움을 받아 다메섹으로 들어갔지만 3일 동안 보지 못하고 아무런 음식도 먹지 않았답니다."

"그렇다면 예수님께서 지시해 주신 사람을 못 만났겠네요? 앞을 볼 수 없었으니……."

"그런데요, 예수님은 아주 기가 막히신 분이셨어요. 다메섹에는 아나니아라는 제자가 살고 있었어요. 예수님은 아나니아의 환상 중에 나타나셔서 곧은 거리에 살고 있는 유다 집에 다소 사람 사울이 있으니 찾아가라고 하셨습니다. 그리고 사울이 기도하고 있으니 안수를 해서 그의 눈을 뜨게끔 하라고 지시했습니다."

"그래서 아나니아가 달려왔어요?"

"아나니아가 저를 무척 두려워했었나 봐요. 처음에는 제가 주님의 성도들을 몹시 괴롭힌 사울이라고 망설였다고 합니다. 그런데 예수님께서는 '가거라. 이 사람은 내 이름을 이방인과 임금들과 이스라엘 사람들에게 널리 전하도록 내가 선택한 사람이다. 그가 나를 위해 얼마나 많은 고난을 받아야 할 것인가를 내가 사울에게 보이겠다.'고 하셨답니다."

"우와! 정말 대단하신 예수님이셔."

"결국 아나니아는 제가 머물고 있는 유다 집으로 찾아왔습니다. 그리고 저에게 안수를 해 주었습니다. 그 순간 제 눈에서 비늘 같은 것이 떨어져 나가고 이렇게 다시 보게 되었답니다. 저는 그 즉시 세례를 받고 예수님의 제자가 되기로 결심했지요."

"아하. 그랬군요."

"그렇게 놀라운 일을 겪었으니 변화될 수밖에……."

"저는 그때부터 다메섹에 나가 예수 그리스도의 증인 노릇을 하게 되었습니다."

"그러면 이제 당신을 두려워하지 않아도 되겠네요?"

"물론이죠. 이제부터는 저를 사울이라 하지 마시고 바울이라 불러 주시오."

"알았어요."

사람들은 다메섹으로 가는 길에서 예수님을 만나 교만한 큰 사람에서 겸손한 작은 사람으로 변화된 바울을 신기한 듯 쳐다보았습니다.

"이젠 더 이상 사울이 아니야."

"맞아. 예수 그리스도를 믿는다고 핍박하던 사울의 모습은 더는 찾아볼 수가 없어."

"우리도 이젠 사울을 경계만 하지 말고 바울로 받아들여 인정해 줍시다."

"그래요. 그래."

바울은 예수님을 만나 변화 받은 다메섹에서부터 기쁜 소식을 전하기 시작했습니다.

"예수 믿은 사람들을 잡아들이라고 보낸 사울이 오히려 예수를 전하고 다닌다는 소문이 있던데 과연 그게 사실이오?"

"예, 사실이랍니다."

"그렇다면 우리가 이러고 있을 때가 아니지. 얼른 사울을 잡아 없애야지."

“맞아요. 사울을 그대로 놔뒀다간 예수의 소문이 이 유대 땅 사방에 퍼져 사람들의 마음을 혼란하게 할 거요.”

“얼른 사울을 죽이러 갑시다.”

유대인들은 사울의 변화가 못마땅했습니다. 그래서 사울을 죽이기로 결정하고 밤낮으로 성문에 앉아 지키기 시작했습니다.

“바울, 어서 이곳을 떠나시오. 유대인들이 당신을 죽이려고 성문을 지키고 있소. 당신이 이곳에 계속 머무르면 어떤 일이 벌어질지 모르오. 그러니 어서 떠나시오.”

“예. 알겠습니다. 지금 당장 떠날 채비를 해야겠소. 그런데 성문을 지키고 있으니 어떻게 여기를 빠져나가지?”

“좋은 생각이 있습니다. 밤에 당신을 광주리에 담아 줄로 매달아 내려 줄 테니 뒤도 돌아보지 말고 뛰어가시오.”

“그것참 기가 막힌 생각이오. 고맙습니다.”

이윽고 밤이 깊어지자 예수님의 말씀을 따르던 사람들이 바울을 광주리에 담아 성벽에서 천천히 내려갈 수 있도록

줄로 매달아 주었습니다. 바울은 그 길로 예루살렘을 향하여 뛰었습니다. 바울은 예수님의 제자들을 찾아갔습니다. 그리고 자초지종을 얘기하며 제자들과 함께 합류하고자 하였습니다. 그러나 제자들은 자신을 죽이려고 찾아다니던 사울의 말을 믿지 않고 슬슬 피해 다녔습니다.

"아니, 사울이 갑자기 나타나 자기가 예수님을 만나 바울로 변화됐다고 하면서 우리와 함께 생활하고 싶다고 하는데 영 내키질 않네."

"나도 마찬가지야. 혹시 우리를 잡으러 와서 수작을 부리는 게 아닐까?"

"그러게 말이야."

바울은 어떻게 해야 자신을 외면하는 예수님의 제자들이 자신을 믿어줄까 고민하고 있었습니다. 그때 바나바가 나타나 바울을 데리고 예수님의 제자들 앞에 섰습니다. 그리고 그동안 일어났던 모든 일들을 빠짐없이 모두 이야기하기 시작했습니다.

“아, 그랬었구나. 바울! 정말 미안해요. 그런 줄도 모르고 의심만 해서…….”

“나도 미안해요. 그동안 당신들을 너무 괴롭혀서… 하지만 이젠 열심히 예수 그리스도의 소식을 전해서 많은 사람들이 예수의 이름을 믿고 구원받을 수 있도록 함께 노력합시다. 그리고 저를 이렇게 따뜻하게 받아들여 주셔서 정말 고마워요. 그동안 저한테 받은 핍박들도 많은데…….”

“별말씀을…….”

바울은 예수님의 복음을 전하고자 온 힘을 다 바쳤습니다. 복음은 온 유대와 갈릴리와 사마리아까지 널리 널리 퍼지기 시작했습니다. 예수님의 말씀대로 바울은 복음을 들고 이방 나라까지 가서 거침없이 전하기 시작했습니다.

“어떤 유대인들이 우리 로마 땅에 와서 우리가 한 번도 듣도 보도 못한 풍속을 전하고 있습니다.”

“저도 이 두 눈으로 똑똑히 봤습니다. 그 사람들을 그대로 놔두었다간 큰 혼란이 있을 것입니다.”

"빨리 그 사람들을 잡아들여야 해요."

빌립보 사람들은 바울과 실라가 전하는 복음을 듣고 행정관들에게 알렸습니다. 사람들의 원성이 높아지자 행정관들은 바울과 실라를 끌어다가 이유도 묻지 않고 옷을 찢어 벗기고 매를 때렸습니다. 그리고 감옥 속에 가두어 버렸습니다.

"간수는 책임지고 이 유대인들을 잘 지키시오!"

바울과 실라는 복음을 전한 것 외에는 아무런 잘못도 하지 않았지만 실컷 두들겨 맞았습니다. 밤중이 되자 맞았던 자리의 핏줄기가 마르고 정신이 들었습니다. 몸이 아팠지만 바울과 실라는 하나님께 기도를 드리고 찬송을 드렸습니다.

"칫, 옆 감방의 유대인들은 미쳤나? 낮에 그렇게 두들겨 맞고 무슨 힘으로 기도를 드리고 노래를 불러?"

"그러게 말야. 아무래도 너무 맞아서 그런가 봐."

옆 감방에 갇혀 있던 죄수들의 수군거림이 채 가시기도 전에 갑자기 온 감옥이 흔들렸습니다.

"앗! 지진이다."

"어? 지진으로 감방문이 모두 열리고 묶였던 쇠사슬이 풀어졌네."

졸던 간수가 깜짝 놀라 깨어 사방을 둘러보았습니다.

"옥문이 열렸다! 죄수들이 도망갔다!"

당황한 간수는 죄수들이 도망갔다고 생각하고 칼을 빼어 자살을 하려 했습니다. 그 순간 바울이 큰소리로 외쳤습니다.

"잠깐만! 그 칼을 멈추시오, 간수 양반! 우리는 도망가지 않았소. 그러니 그 칼을 도로 집어넣으시오."

"그, 그게 정말이오?"

간수는 재빨리 등불을 구해 뛰어왔습니다.

"아니, 당신들은 왜 도망을 가지 않았소?"

"우리들은 이곳에 갇힐 만한 죄를 짓지 않았기 때문이오. 우리들은 예수 그리스도의 구원의 기쁜 소식을 전하기 위해 이곳에 왔소."

"선생님들! 그러면 어떻게 해야 제가 구원을 받을 수 있겠습니까?"

"주 예수를 믿으시오. 그러면 당신과 당신의 집이 구원을 얻을 것입니다."

"그렇다면 선생님들, 누추한 집이지만 우리 집에 가셔서 예수님의 말씀을 전해 주시겠소?"

"그렇게 합시다."

간수는 바울과 실라를 자신의 집에 초대하고 매맞은 자리의 상처를 씻어 주었습니다. 그리고 온 가족들이 세례를 받았습니다. 그리고 맛있는 음식을 장만하고 잔치를 베풀었습니다. 그날은 간수와 그의 온 가족들이 하나님을 믿고 구원받은 축복의 날이었기 때문입니다.

다음 날 빌립보의 행정관들은 바울과 실라 때문에 일어난 지진이 두려워 그들을 풀어 주었습니다.

"여보시오. 당신들이 아무 죄 없는 로마 사람을 데려다 사람들 앞에서 때리고 그것도 부족해 감옥에 가두었다가 이제는 가만히 내보내려 합니까?"

바울의 항의에 행정관들은 깜짝 놀랐습니다.

“아니 유대 사람들이 아니라 로마 사람들이라고? 큰일 났다. 어서 우리가 잘못을 시인하고 조용히 떠나게끔 처리해야지.”

바울과 실라는 빌립보 행정관들 앞에서 큰소리를 치며 그 성을 떠났습니다. 바울은 데살로니가와 베뢰아를 거쳐 아덴까지 전도 여행을 계속했습니다. 아덴은 온갖 우상들이 가득한 성이었습니다. 바울은 아레오바고 광장 가운데 서서 큰소리로 복음을 전하기 시작했습니다.

“아덴 사람들이여! 내가 당신들을 살펴보니 당신들은 종교심이 많은 분들입니다. 내가 이곳에 와서 여러분의 예배처를 두루 살피고 다니다가 ‘알지 못하는 신에게’라고 새긴 제단을 봤습니다. 그래서 여러분이 알지 못하고 예배드린 그 신을 알려 주겠습니다. 그 신은 바로 천지 만물을 창조하신 하나님이십니다. 이 세상 그 어떤 것도 다 하나님의 창조물이지요. 그러니 하나님은 사람들이 만든 신전에 계시지 않고, 또 무엇이 부족하신 것처럼 사람의 손에 의해 섬

김을 받지도 않으십니다."

바울의 열정적인 설교를 듣고 몇몇 아덴 사람들이 복음을 믿게 되었습니다. 바울의 전도 여행은 시곗바늘의 초침처럼 한시도 쉬지 않고 계속되었습니다. 바울의 복음의 열정이 달구어지면서 바울에게는 놀라운 능력이 임했습니다. 하나님은 바울의 손에 능력을 주셨으며, 심지어 바울의 몸에서 손수건이나 앞치마를 가져다가 병든 사람에게 얹으면 병이 낫고 귀신도 물러갔습니다. 바울은 자신에게 임한 능력을 오직 복음을 전하는 데에만 사용했습니다. 바울은 이방 나라의 전도 여행을 마치고 드디어 예루살렘에 도착하게 되었습니다.

바울은 그동안 이방 나라에서 복음을 전했던 것과 그곳 사람들에게 임한 구원 소식을 전했습니다. 사람들은 모두 하나님께 영광을 돌렸습니다. 그러나 바울을 잡으려고 쫓아다니던 사람들은 바울을 잡을 계략만을 생각하고 있었습니다.

“여보시오. 바울이 헬라 사람들을 데리고 성전에 들어가서 그 거룩한 곳을 더럽혔소.”

“뭐라고요? 감히 이방 나라 사람들을 성전으로 데리고 들어갔다고요?”

“그러니 바울을 더 이상 가만두어서는 안 되오.”

“맞아요. 어서 바울을 잡으러 갑시다.”

바울을 쫓아다니던 사람들이 바울을 잡아 성 밖으로 끌고 나갔습니다.

“바울! 드디어 잡혔구나. 오늘은 기어이 너를 죽여 버리겠다.”

사람들이 바울을 죽이려 할 때 예루살렘 성이 소란하다는 소문이 로마군의 부대장 귀에까지 들렸습니다. 부대장은 얼른 부하들을 거느리고 바울이 있는 곳으로 갔습니다.

“이 사람은 도대체 누구며 무슨 일을 했기에 이토록 성이 소란한 거요?”

“그 사람은 유대인들의 성전을 더럽힌 자요.”

“그 사람을 죽여야 해요.”

“그 사람은 예수를 전한다고 성을 소란스럽게 하고 다닙니다.”

“가만, 가만. 내 시끄러워서 도저히 무슨 소린지 알아들을 수가 없소. 그러니 저자를 나에게 가까이 데려오시오.”

바울은 부대장 앞으로 결박된 채 끌려왔습니다.

“부대장님! 당신께 할 말이 있습니다.”

“당신은 헬라 말을 할 줄 압니까? 그렇다면 먼저 당신에게 묻겠소. 당신은 얼마 전에 폭동을 일으켜 4,000명의 자객을 거느리고 광야로 갔던 애굽인이 아니오?”

“아닙니다. 저는 유대인입니다. 저는 길리기아 다소 성의 시민입니다. 그러니 제가 이 성의 사람들에게 말할 수 있는 기회를 좀 주십시오.”

“그렇게 하라.”

부대장은 바울을 돌계단의 가장 높은 곳에 세우고 사람들에게 조용히 하라고 손짓을 했습니다.

“여러분! 조용히 하시오. 이 사람이 여러분께 할 말이 있답니다. 어디 그 말이나 한번 들어봅시다.”

“여러분! 저는 유대인으로 길리기아 다소에서 태어났고,

이 성에서 자랐으며 가말리엘의 지도로 우리 조상들의 엄한 율법의 교훈을 받았습니다. 저도 지금 이 자리에 모인 여러분처럼 저도 예수를 너무나 싫어해서 예수의 복음을 믿는 사람들을 핍박하여 죽이기까지 했습니다. 남녀노소 누구나 예수의 복음을 믿다 저에게 걸리면 곧바로 감옥행이었답니다.

그러나 예수를 믿는 다메섹 사람들을 결박하여 예루살렘에 끌고 와 형벌을 받게 하려고 길을 가다 빛으로 찾아오신 예수님을 만나게 되었습니다. 그 후로부터 저는 이렇게 예수님을 전하는 사람으로 바뀌었습니다. 제가 만난 예수님을 저는 유대뿐만 아니라 이방 나라까지 전하는 사도가 되었습니다."

"뭐? 감히 복음을 이방 나라까지… 저런 놈은 살려둘 필요가 없어."

"맞아! 죽여야 해."

바울의 말을 듣던 사람들이 갑자기 화를 내며 자신들의 옷을 벗어 하늘로 던졌습니다. 부대장도 화가 난 군중들을 바라보며 바울을 영문 안으로 데리고 가라고 명령한 뒤 채

찍질을 하게 했습니다.

"너희가 감히 로마 사람을 죄도 없이 채찍질하려느냐?"

"뭐? 로마 사람이라고?"

채찍을 잡았던 장교가 부대장에게 왔습니다.

"부대장님! 저자가 지금 자기가 로마 사람이라고 하는데 어떻게 할까요?"

부대장이 바울에게 다가와서 물었습니다.

"당신이 정말 로마 사람이오?"

"그렇소."

"나는 돈을 많이 주고 로마 시민권을 샀는데 당신은 어떻게 로마 시민권을 얻었소?"

"나는 날 때부터 로마 시민이오."

"아이쿠, 큰일 났구나. 어서 저 사람을 풀어주거라."

바울은 부대장 앞에서도 유유히 풀려났습니다. 바울을 죽이려고 애를 쓰던 유대인들의 속이 무척이나 탔지만 하나님은 늘 바울의 손을 들어주셨습니다. 그 후로도 바울의 전도 여행이 계속되었고 남녀노소, 빈부귀천을 따지지 않고 때를 얻든지 못 얻든지 예수님의 복음을 전파했습니다.

그리고 바울은 어느 곳에서든지 자기가 마음을 돌이켜 예수님의 복음을 전할 수밖에 없었던 간증을 꼭 하였습니다.

예수님을 믿는 사람들을 핍박하며 옥에 가두고 죽이기까지 했던 사울이, 다메섹으로 가는 길에서 빛으로 찾아오신 예수님을 만나 그 복음을 전하기 위해 생명을 다 바쳐 이방 나라까지 건너간 사실은 주님으로 인한 변화가 얼마나 위대한가를 보여주고 있습니다. 사울은 주님을 만남으로 인해 위대한 복음 선교사 바울로 변화되었습니다. 변화는 주님을 진정으로 만날 때만이 이루어질 수 있습니다.